초등영단어도 역시, 경선식인

350만명이 선택한 진짜 1위는 다릅니다. 경선식은 결과로 말합니다.

350만부
판매돌파
초스피드암기비법
시리즈

베스트셀러
19년 연속
교재 판매

1위
수능시험 어휘
적중률

성적향상
최단기간내

2019
대한민국
브랜드 만족도
1위

2018
한경비즈니스
한국 품질만족도
1위

온라인 강의로 암기효과 극대화

강의 속 선생님의 몸짓과 표정 등을 따라하며 시각, 청각, 느낌 전달 등을 이용해 암기효과 극대화
정확한 발음 학습 및 발음 훈련을 통해 파닉스 기초가 안 되어 있는 학생들도 쉽게 학습이 가능!

동영상 강의와 체계적인 복습프로그램으로 **암기의 효율성을 높이세요**

강의 수강만으로
100% 암기

효과없을시
**14일내
100%
환불**

온라인 강의 구성
초등 3~4학년용 50강(1강당 10분 내외)
초등 5~6학년용 50강(1강당 10분 내외)

강의 효과를 직접 체험해보세요

TV방송! JTBC 알짜왕 해마학습법 암기력 10배 향상

테스트방법

일반 암기법으로
(각자의 암기방식)

12분 동안 50개의 고난도 어휘 암기
∨
40분 휴식
∨
1차 테스트 후 3분 오답 복습
∨
복습 없이 1주일 후 재시험
(2차 테스트)

VS

해마학습법으로

12분 동안 50개의 고난도 어휘 암기
∨
40분 휴식
∨
1차 테스트 후 3분 오답 복습
∨
복습 없이 1주일 후 재시험
(2차 테스트)

■ 진행 : JTBC 알짜왕 ■ 실험대상 : 20대 성인 대상 ■ 단어 : 성인들도 모르는 고난도 어휘 50개 *일반학습법 , 해마학습법 단어 모두 상이

테스트결과

단기기억 3.9배UP

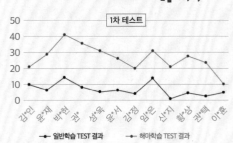

1차 테스트

50
40
30
20
10

김*인 윤*제 박*현 권* 성*옥 윤*서 김*정 임*은 신*지 황*상 권*택 이*훈

━●━ 일반학습 TEST 결과   ━●━ 해마학습 TEST 결과

장기기억 10배UP

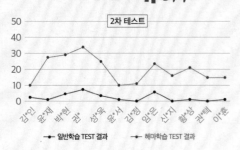

2차 테스트

50
40
30
20
10

김*인 윤*제 박*현 권* 성*옥 윤*서 김*정 임*은 신*지 황*상 권*택 이*훈

━●━ 일반학습 TEST 결과   ━●━ 해마학습 TEST 결과

위의 해마학습법 암기효과 테스트는 JTBC 알짜왕 프로그램에 소개된
효율적인 단어암기법의 일부 내용으로써 자세한 내용은 영상으로 확인하세요^^

EVETE

룰렛 돌리고100% 선물받자!

돌리기만 하면 무조건 당첨! 100% 증정!

오직! 경선식에듀 회원만을 위한

"100%즉석당첨" 이벤트

룰렛을 돌리기만 해도 100% 선물증정!
강의 무료수강권부터 강의할인권, 다양한 모바일 쿠폰까지~

QR코드를 인식하면 이벤트
페이지를 확인하실 수 있습니다

■ 참여대상 :
경선식에듀 회원이라면 누구나
■ 참여방법 :
응모하기 버튼만 누르면 끝!
(응모 후 바로 당첨 선물 확인)

※ 상품은 사정에 따라 변경 될 수 있습니다.
이벤트 관련 유의사항은 이벤트 페이지를 확인해주세요

경선식 영단어

초등 ⑤~⑥학년 & 중학대비

eager
이 거 사주세요
간절히 바라는

저자 경선식

약력

대한민국 최다 영어 어휘 수강생 보유
연세대 졸업
㈜경선식에듀 대표
前 영단기, 공단기 단기학교 어휘 강의
前 EBS라디오 '경선식 고교 영단어 진행'
前 (2001~2007) 메가스터디 외국어 영역 대표강사
前 비타에듀 외국어영역 1위
前 코리아헤럴드 온라인 영어 어휘 강의
前 박정어학원 인터넷 어휘 강의
前 한양대, 외대, 건국대, 동국대 어휘 특강

저서

경선식 수능영단어 Vol. 1(기본)
경선식 수능영단어 Vol. 2(완성)
경선식 영숙어 초스피드 암기비법-수능
경선식 EBS 영단어 초스피드 암기비법
경선식 영단어 초스피드 암기비법-공.편.토(수능고난도)
경선식 영단어 초스피드 암기비법-토익
경선식 영단어 초스피드 암기비법-최고난도
경선식 영단어 중학영단어-기본
경선식 영단어 중학영단어-완성
경선식영단어 초등 ③~④ 학년
경선식영단어 초등 ⑤~⑥ 학년
경선식 영단어 초스피드 암기비법-만화
경선식영문법 WARM UP
경선식영문법 SPURT
경선식영문법 PERFECTION
경선식영문법 어법문제 완성
경선식 수능독해 기초
경선식 수능독해 기본
경선식 수능독해 초스피드 유형별 풀이비법
경선식 수능독해 완성
메가스터디 외국어영역 1000제
메가스터디 외국어영역 문법300제
그 외 다수

펴낸날	2019년 2월 1일(1판 15쇄)
펴낸곳	(주)도서출판 경선식에듀
펴낸이	경선식
마케팅	박경식
디자인	디자인뮤제오
주소	서울시 서초구 서초 중앙로 56(서초동) 블루타워 9층
대표전화	02)597-6582
팩스	02)597-6522
등록번호	제2014-000208호
ISBN	5~6학년 ISBN : 979-11-89902-00-1 [63740]
	3,4 + 5,6 SET : 979-11-89902-01-8 [64740] (세트)

머리말

20년 가까이 해마학습법을 이용하여 중학단어부터 GRE수준의 단어에 이르기까지 수많은 단어들을 재밌고 빠르고 오래 암기할 수 있도록 만들어 왔습니다. 고맙게도 중학, 수능, 토플, 공무원, 토익 단어 등이 10년 넘게 베스트셀러 1~3위를 유지하며 많은 사랑을 받아왔고 대한민국 어휘수강생 1등을 계속 유지해 오면서도 정작 단어 암기에 가장 많은 어려움을 겪고 있는 초등학생들을 위한 체계적인 해마학습법 연구를 미루어 오다가 드디어 2권의 경선식영단어 초등 과정을 만들게 되었습니다.

단어 암기에 쉽게 싫증을 내는 초등학생들을 위해 각 단어의 연상법에 해당하는 만화를 거의 모두 수록하여 재밌게 암기하도록 했으며 정확한 발음을 했을 때 연결되는 연상법이 중고생들보다는 더욱 쉽고, 될 수 있으면 직관적이어야 하기 때문에, 제가 만든 다른 어휘책들과 비교하여 더욱 많은 연구와 오랜 제작과정이 필요했던 것 같습니다.

우리의 미래를 짊어질 학생들의 즐겁고 행복한 공부에 일조할 수 있는 책이 되기를 바라며 오랜 노력과 창작의 즐거움으로 낳은 또 하나의 제 자식을 세상에 내놓아 봅니다.

저자 경선식

이 책의 특징

1 해마학습법으로 5~10배 이상 빠르게 암기해요.

해마학습법이란?
기억작용의 중심 역할을 하는 뇌 속의 해마를 활용하여 기억할 대상을 연상을 통해 그림으로 표현, 시각화하여 보다 빠르고 오래 암기할 수 있는 과학적인 연상 기억법이에요.

푸릇푸릇한 과일
fruit

fruit (과일)을 암기하기 위해서는 fruit이라는 단어와 그 뜻을 그림으로 연결시켜 주어야 하는데 영어 발음 '프루~트'는 우리말의 '푸릇'으로 인식할 수 있습니다. 즉, fruit을 정확히 발음하면서 푸릇푸릇한 과일의 이미지를 상상하여 그림으로 기억 하는것이죠. '푸릇푸릇한 과일'이라고 기억해 놓으면 fruit을 외우기 위해 무작정 읽거나 쓰지 않아도 된답니다. 해마학습법으로 영단어 암기에 자신감을 키워주세요.

2 초등 필수 어휘부터 중학 기초어휘까지 암기해요.

파생어 포함 934단어
초등 필수 어휘뿐만 아니라 중학 기초어휘까지 마스터할 수 있어요.

3 체계적 복습 SYSTEM으로 더 오래 기억에 남게 암기해요.

배운 단어를 테스트를 통해 암기 여부를 점검하고 누적 복습을 통해 더욱 완벽하게 암기할 수 있어요.

[복습1] 6단어 복습
1강을 6단어 씩 나눠 복습

[복습2] 1강 단위 복습
1강(12단어) 암기 후
단어 철자와 뜻 안성

[복습3] 3강 단위 전체 복습
3강(36단어) 암기 후 뜻 완성
으로 효과적인 누적 복습

[복습4] 18강 단위 누적 복습
1~18강, 19~36강으로 나눠서
총 2회에 걸친 누적복습

이 책의 구성

만화이미지

해마학습법이 적용된 만화 이미지를 통해
재미있게 암기하고 오래 기억할 수 있어요.

연상법

1 발음과 뜻에 연결고리를 만들어 연상을 통해
단어를 쉽고 빠르게 암기할 수 있어요.
2 강세와 주의할 발음을 고려하여 한글발음 제시

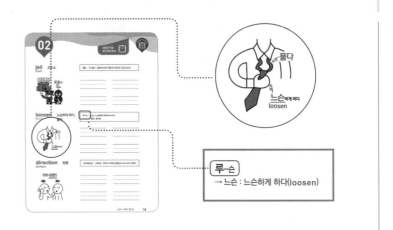

발음기호

발음기호 및 강세와 주의할 발음을 고려한
한글발음을 제시하여 정확한 발음을 읽고
익힐 수 있어요.

쓰기연습

쓰기 연습을 통해 정확하고 완벽하게
단어의 스펠링과 뜻을 암기할 수 있어요.

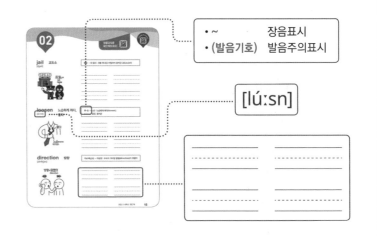

샘플강의

큐알코드를 활용하여, 샘플강의를 수강해 볼 수
있어요. (1~3강까지 제공)

원어민MP3

큐알코드를 활용하여 원어민 발음듣기를
통해 정확한 발음을 훈련해 볼 수 있어요.

CONTENTS

01

샘플강의를
확인해보세요!

영어민발음 듣고따라하기

judge　판사; 판단하다
[dʒʌdʒ]

네가 **졌지!**
judge

판사;
판단하다

> 줘쥐 → 졌지 : "네가 졌지!"하고 판사(judge)가 판단하다(judge)

_____

_____

_____

_____

peak　꼭대기, 최고점
[pi:k]

솟아있는 산 **꼭대기**

픽
peak

픽

> 피~크 → 픽! : 픽! 솟아있는 산꼭대기(peak)

hook　갈고리
[huk]

갈고리

후크 선장
hook

> 후크 → 후크 : 피터팬의 후크 선장의 갈고리(hook)

dig 파다
[dig]

디근 모양으로 파다
dig

디그 → 디근 : 두더지가 땅속 굴을 'ㄷ(디근)' 모양으로 파다(dig)

tomb 묘지
[tu:m]

two(두)명이 움
tomb

부모님 묘지

투~ㅁ → 투(two) 움(울다) : 묘지(tomb) 앞에서 슬프게 투(two, 2)명이 움(울다)

soil 흙, 땅
[sɔil]

소가 일하는
soil

흙,땅

소일 → 소(牛) 일 : 밭의 흙(soil)을 갈면서 소가 일하는 땅(soil)

다음 만화, 단어, 뜻을 관련 있는 것끼리 선으로 이어보세요.

• peak •

• 갈고리

• dig •

• 꼭대기, 최고점

• judge •

• 묘지

• hook •

• 판사; 판단하다

• soil •

• 파다

• tomb •

• 흙, 땅

separate 분리하다
[sépəreit]

세퍼(r)레이트 → 새파랗다 : 덜 익은 새퍼런(새파란) 사과를 빨간 사과에서 분리하다(separate)

새파란 사과를 분리하다
separate

grammar 문법
[grǽmər]

그(r)래머(r) → 글에 뭐 : 글에 뭐가 어떻게 구성되어 있는지 설명하는 것이 문법(grammar)

〈 문법 〉

I LOVE YOU
S   V   O
주어 + 동사 + 목적어

글에 뭐가 구성되어 있는지 설명하다.
grammar

bud (식물의) 싹
[bʌd]

버드 → 버드 : 버드나무의 싹(bud)

버드나무의
bud
싹

fairy 요정
[féəri]

회오리 바람을 일으키며
fairy
나타난 **요정**

(f)페어(r)리 → 회오리 : 회오리 바람을 일으키며 나타난 요정 (fairy)

---

chase 쫓다, 추적하다
[tʃeis]

잠자리 **채 있으**
chase

쫓다

췌이스 → 채 있으 : 잠자리채가 있어서 잠자리를 쫓다(chase)

---

bruise 멍
[bru:z]

호오~ **불어주**
bruise

멍

브(r)루~(z)즈 → 불어 주(다) : 멍(bruise)이 든 곳을 엄마가 호오 ~ 하고 불어주다

6단어 복습하기

다음 만화, 단어, 뜻을 관련 있는 것끼리 선으로 이어보세요.

 · · bud · · 멍

 · · grammar · · 쫓다, 추적하다

 · · chase · · 문법

 · · separate · · 요정

 · · fairy · · 분리하다

 · · bruise · · (식물의) 싹

A 한글 뜻을 보고 옆의 영어 단어 철자를 완성하세요.

1	파다	d＿＿g
2	판사; 판단하다	ju＿＿ ＿＿e
3	쫓다, 추적하다	c＿＿ ＿＿se
4	흙, 땅	＿＿oil
5	갈고리	h＿＿ ＿＿k
6	분리하다	se＿＿ ＿＿rate
7	요정	fa＿＿ ＿＿y
8	멍	b＿＿ ＿＿ise
9	묘지	to＿＿ ＿＿
10	꼭대기, 최고점	p＿＿ ＿＿k
11	(식물의) 싹	＿＿ ＿＿d
12	문법	gr＿＿ ＿＿mar

B 다음 단어들의 뜻을 적어보세요.

1	soil	_____
2	chase	_____
3	bruise	_____
4	bud	_____
5	dig	_____
6	fairy	_____
7	peak	_____
8	tomb	_____
9	separate	_____
10	grammar	_____
11	judge	_____
12	hook	_____

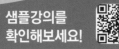
샘플강의를
확인해보세요!

jail 교도소
[dʒeil]

췌일 → 죄 일(1) : 죄를 하나(1) 저질러서 들어간 교도소(jail)

loosen 느슨하게 하다,
[lúːsn] 풀다

루~슨 → 느슨 : 느슨하게 하다(loosen)
＊ loose 풀린, 헐거운

direction 방향
[dirékʃən]

디(r)렉(ʃ)션 → 뒤랬션 : 우리가 가야할 방향(direction)이 뒤랬어

ax 도끼
[æks]

액스 → 엑스(X) : 엑스(X) 모양으로 벽에 걸어놓은 도끼(ax)

엑스(x)자 모양의 도끼
ax

string 끈, 실
[striŋ]

스트(r)링 → 스프링 : 스프링처럼 늘어난 끈(string), 실(string)

스프링처럼 늘어난 끈, 실
string

slip 미끄러지다
[slip]

슬립 → 슬리퍼 : 목욕탕에서 신고 있던 슬리퍼가 미끄러지다(slip)

슬리퍼
slip

미끄러지다

다음 만화, 단어, 뜻을 관련 있는 것끼리 선으로 이어보세요.

slip

느슨하게 하다, 풀다

string

도끼

loosen

교도소

ax

방향

jail

미끄러지다

direction

끈, 실

lunar 달의, 음력의
[lú:nər]

달 속에 그리운 **누나** 얼굴
lunar

루~너(r) → 누나 : 달(lunar) 속에 비친 그리운 누나의 얼굴

---

beverage 음료
[bévəridʒ]

탄산 **음료**를
너무 마시면 **배 버리지**
beverage

베(v)버(r)리쥐 → 배 버리지! : 설탕이 많이 들어있는 탄산음료
(beverage)를 마시면 배를 버리지!

---

calm 고요한, 평온한
[kɑ:m]

평온한-
캄캄
calm
조용한-

카~ㅁ → 캄 : 모두 잠든 캄캄한 밤은 조용하고 평온한(calm)

earn (돈을) 벌다
[ɜːrn]

어~(r)언 → 원 : 돈 몇 원을 벌다(earn)

만 **원**을 **벌다**
earn

chimney 굴뚝
[tʃímni]

췸니 → 찝니(다) : "굴뚝(chimney)에서 나는 연기를 보니
고구마나 뭔가를 찝니다."

굴뚝에 연기를 보니
고구마를 **찝니**다
chimney

palm 손바닥
[pɑːm]

파~ㅁ → 팡 : 손바닥(palm)으로 엉덩이를 팡팡 때리다

손바닥

팡!
palm
팡!
팡!

다음 만화, 단어, 뜻을 관련 있는 것끼리 선으로 이어보세요.

beverage • • 손바닥

earn • • 굴뚝

lunar • • 음료

calm • • (돈을) 벌다

palm • • 달의, 음력의

chimney • • 고요한, 평온한

A 한글 뜻을 보고 옆의 영어 단어 철자를 완성하세요.

1 도끼   ___x
2 교도소   ja___ ___
3 굴뚝   ch___ ___ney
4 미끄러지다   s___ip
5 방향   di___ ___ction
6 달의, 음력의   ___ ___nar
7 (돈을) 벌다   ___ ___rn
8 손바닥   p___ ___m
9 끈, 실   st___ ___ng
10 느슨하게 하다, 풀다 l___ ___sen
11 고요한, 평온한   ca___ ___
12 음료   bev___ ___age

B 다음 단어들의 뜻을 적어보세요.

1 slip   _____
2 chimney   _____
3 palm   _____
4 earn   _____
5 ax   _____
6 calm   _____
7 loosen   _____
8 string   _____
9 lunar   _____
10 beverage   _____
11 jail   _____
12 direction   _____

eager
[í:gər]

간절히 바라는,
열망하는

이~거(r) → 이거 : 아이가 "이거(이것) 사줘!"하며 장난감을 갖기를 간절히 바라는(eager)

이거 사주세요~!
eager

간절히
바라는

equal
[í:kwəl]

같은, 동등한

이~크월 → 이 칼 : 이 칼로 사과를 같은(equal) 크기로 자르다

같은,동등한 크기로

이 칼
equal

wrinkle
[ríŋkl]

주름

(r)링클 → 윙크를 : 윙크를 하면 눈가에 생기는 주름(wrinkle)

윙크를
wrinkle

주름

tickle 간지럽게 하다
[tíkl]

티클 → 티끌 : 눈에 티끌이 들어가 자꾸 간지럽게 하다(tickle)

눈에 **티끌**이 들어가
tickle 간지럽게 하다

unique 유일한, 독특한
[juní:k]

유니~크 → 유니(가) 크(다) : 이 반에서 유니라는 이름의 아이만
유일하게(unique) 키가 크다

유니만**크**다
unique
→유일한
180cm
김유니

aware ~을 알고 있는
[əwéər]

어웨어(r) → 어, 외워 : 어, 외워서 이미 그것을 알고 있는(aware)

어, 외워서
aware
~을 알고 있는

X 구구단 X
1단 2단 3단
4단 5단 6단
7단 8단 9단

다음 만화, 단어, 뜻을 관련 있는 것끼리 선으로 이어보세요.

 • wrinkle • • 같은, 동등한

 • equal • • 간지럽게 하다

 • unique • • 간절히 바라는, 열망하는

 • eager • • 주름

 • tickle • • ~을 알고 있는

 • aware • • 유일한, 독특한

cottage   오두막
[kά:tidʒ]

카~티쥐 → 갇히지 : 인질로 잡혀 오두막(cottage)에 갇히지(갇히다)

male   남자, 수컷;
[meil]   남자의

메일 → 매일 : 매일 여자를 쫓아다니는 남자(male)

female   여성, 암컷;
[fíːmeil]   여성의

(f)피~메일 → 피(하다) 매일 : 쫓아다니는 남자를 매일 피하는 여자 (female)

tune 곡조, 멜로디
[tjuːn]

튜~ㄴ → 춘 : 멜로디(tune)에 맞춰 춤을 춘

멜로디에 맞춰 춤을 **춘**
tune

examination 시험
[igzæminéiʃən] (=exam)

이그(z)재미네이(ʃ)션 → 2X9(이 구) 재미(로) 내셔 : 선생님이
'2X9(이 구)=18' 과 같은 시험(examination) 문제를 재미로 내셔

시험

2x9(이구) =?
(선생님)

재미로 **내이션**
examination

amount 양, 총액
[əmáunt]

어마운트 → 어마어마 : 어마어마한 양(총계)(amount)

어마어마한
amount
양,총액

1조!!
금

6단어 복습하기

다음 만화, 단어, 뜻을 관련 있는 것끼리 선으로 이어보세요.

• amount • 여성, 암컷;
                여성의

• examination • 남자, 수컷;
                     남자의

• male • 시험

• tune • 오두막

• cottage • 곡조, 멜로디

• female • 양, 총액

A 한글 뜻을 보고 옆의 영어 단어 철자를 완성하세요.

1	간지럽게 하다	t___ ___kle
2	간절히 바라는, 열망하는	ea___ ___r
3	시험	exa___ ___nation
4	~을 알고 있는	___ ___are
5	주름	w___ ___nkle
6	오두막	cot___ ___ge
7	곡조, 멜로디	tu___ ___
8	양, 총액	am___ ___nt
9	유일한, 독특한	u___ ___que
10	같은, 동등한	eq___ ___l
11	여성, 암컷; 여성의	fe___ ___le
12	남자, 수컷; 남자의	___ ___le

B 다음 단어들의 뜻을 적어보세요.

1	aware	_____
2	examination	_____
3	amount	_____
4	female	_____
5	tickle	_____
6	tune	_____
7	equal	_____
8	unique	_____
9	cottage	_____
10	male	_____
11	eager	_____
12	wrinkle	_____

다음 단어들의 뜻을 적어 보세요.

1강

1 judge _____

2 peak _____

3 hook _____

4 dig _____

5 tomb _____

6 soil _____

7 separate _____

8 grammar _____

9 bud _____

10 fairy _____

11 chase _____

12 bruise _____

2강

13 jail _____

14 loosen _____

15 direction _____

16 ax _____

17 string _____

18 slip _____

19 lunar _____

20 beverage _____

21 calm _____

22 earn _____

23 chimney _____

24 palm _____

3강

25 eager _____

26 equal _____

27 wrinkle _____

28 tickle _____

29 unique _____

30 aware _____

31 cottage _____

32 male _____

33 female _____

34 tune _____

35 examination _____

36 amount _____

1~3강 전체 복습 정답

 **1** judge 판사; 판단하다	 **2** peak 꼭대기, 최고점	 **3** hook 갈고리	 **4** dig 파다	 **5** tomb 묘지	 **6** soil 흙, 땅
 **7** separate 분리하다	 **8** grammar 문법	 **9** bud (식물의) 싹	 **10** fairy 요정	 **11** chase 쫓다, 추적하다	 **12** bruise 멍
 **13** jail 교도소	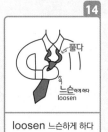 **14** loosen 느슨하게 하다	 **15** direction 방향	 **16** ax 도끼	 **17** string 끈, 실	 **18** slip 미끄러지다
 **19** lunar 달의, 음력의	 **20** beverage 음료	 **21** calm 고요한, 평온한	 **22** earn (돈을) 벌다	 **23** chimney 굴뚝	 **24** palm 손바닥
 **25** eager 간절히 바라는	 **26** equal 같은, 동등한	 **27** wrinkle 주름	 **28** tickle 간지럽게 하다	 **29** unique 유일한, 독특한	 **30** aware ~을 알고 있는
 **31** cottage 오두막	 **32** male 남자, 수컷; 남자의	 **33** female 여성, 암컷; 여자의	 **34** tune 곡조, 멜로디	 **35** examination 시험 (=exam)	 **36** amount 양, 총액

freezing 몹시 추운
[frí:ziŋ]

(f)프(r)리~(z)징 → 풀이 찡! : 풀이 찡! 하고 얼어버릴 정도로 몹시 추운(freezing)

풀이 찡! 하고 얼다
freezing

찡!

몹시 추운

_____   _____
-    -
_____   _____
-    -
_____   _____

flame 불꽃, 화염
[fleim]

(f)플레임 → 불 내임 : 불을 내서 불꽃(flame)이 타오르게 불 내임 (불을 내다)

불꽃,화염

불내임
flame

_____   _____
-    -
_____   _____
-    -
_____   _____

injure 상처를 입히다
[índʒər]

인줘(r) → 이리 줘! : 강도가 "인 줘!(이리 줘!)"하며 지갑을 뺏으려고 때려서 상처를 입히다(injure) * injury 상처

상처를
입히다

인 줘!
injure

_____   _____
-    -
_____   _____
-    -
_____   _____

global 지구의, 세계적인
[glóubəl]

굴러 볼(ball)
global

지구의

add 더하다, 추가하다
[æd]

ad + d

ad에 d를 더하다
add

effort 노력
[éfərt]

애가 뽀트에 올라타려고
effort

노력

6단어 복습하기

다음 만화, 단어, 뜻을 관련 있는 것끼리 선으로 이어보세요.

 • add • • 노력

 • effort • • 지구의, 세계적인

 • injure • • 몹시 추운

 • freezing • • 더하다, 추가하다

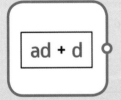 • global • • 불꽃, 화염

 • flame • • 상처를 입히다

approach   접근하다
[əpróutʃ]

어프(r)로우취 → 앞으로 치이~ : 뱀이 먹이 앞으로 '치이~' 하고
접근하다(approach)

접근하다

먹이 **앞으로 치-**
approach

mean   의미하다
[mi:n]

미~ㄴ → 민 : 친구에게 눈짓을 하면서 살짝 민 것은 서로 간에 뭔가
있다는 것을 의미하는(mean) 것

의미하다

OK?   OK

살짝 **민**
mean

fellow   친구
[félou]

(f)펠로우 → 헬로우(hello) : 친구(fellow)에게 "Hello"라고
인사하다

헬로우(hello)
fellow

친구

seek 찾다
[siːk]

씨~크 → 씻구(씻고) : "눈 씻고 찾아봐도 없다."란 말에서 눈을 씻고 찾다(seek)

눈 **씻구 찾다**
seek

어딨지?

---

thermometer 온도계
[θərmɔ́ːmitər]

(θ)써(r)**모**~미터(r) → 써모(summer: 여름) 미터 : 써머(summer)에 몇 미터 올라가는 온도계(thermometer)

summer(여름)에
몇 **미터** 올라가는
thermometer

40℃ 100m
80m
60m
40m
온도계 →

---

knowledge 지식
[nάːlidʒ]

나~ㄹ리쥐 → know(알다) + ledge : 아는 것, 지식(knowledge)

know(알다) + ledge
knowledge 지식, 학식

$e = \lim\limits_{n \to \infty} \left(1 + \frac{1}{n}\right)^n$
$= \lim\limits_{x \to 0} (1+x)^{\frac{1}{x}}$
$= 1 + \frac{1}{1!} + \frac{1}{2!} + \cdots$
$= 2.718281828\cdots$

박사

다음 만화, 단어, 뜻을 관련 있는 것끼리 선으로 이어보세요.

knowledge

친구

seek

접근하다

approach

찾다

thermometer

의미하다

mean

온도계

fellow

지식

A 한글 뜻을 보고 옆의 영어 단어 철자를 완성하세요.

1	지구의, 세계적인	gl___ ___al
2	몹시 추운	fre___ ___ing
3	온도계	ther___ ___meter
4	노력	ef___ ___rt
5	상처를 입히다	___ ___jure
6	접근하다	app___ ___ach
7	찾다	s___ ___k
8	지식	know___ ___dge
9	더하다, 추가하다	___ ___d
10	불꽃, 화염	fl___ ___e
11	친구	f___ ___low
12	의미하다	me___ ___

B 다음 단어들의 뜻을 적어보세요.

1	effort	_____
2	thermometer	_____
3	knowledge	_____
4	fellow	_____
5	global	_____
6	seek	_____
7	flame	_____
8	add	_____
9	approach	_____
10	mean	_____
11	freezing	_____
12	injure	_____

bomb 폭탄
[bɑːm]

바~ㅁ → 밤(송이) : 밤나무에서 폭탄(bomb)처럼 떨어지는 밤송이

폭탄처럼 떨어지는 밤
bomb

hut 오두막
[hʌt]

헛 : 피자헛(PIZZA HUT)은 피자를 파는 오두막(hut)이라는 데서 유래했다.

피자헛
hut ↘ 피자 파는
오두막
에서 유래

Pizza Hut

pork 돼지고기
[pɔːrk]

포~(r)크 → 포크 : 돼지고기(pork)를 포크(fork)로 찍어 먹다

돼지고기
포크
fork
하이포크
pork

join   참여하다
[dʒɔin]

조인 → 조 in(~ 안에) : A조, B조와 같은 조 in(안에) 참여하다(join)

조 in(안에) 참여하다
join

insect   곤충
[ínsekt]

인섹트 → in(~ 안에) 쌕! 트 : 벌레(insect)가 코 in(안에) 쌕! 하고 들어오다

코 in(안에) 쌕!
insect

벌레

clap   손뼉을 치다
[klæp]

클랩 → 클 랩 : 크게 랩에 맞춰 손뼉을 치다(clap)

크게 랩에 맞춰
clap
손뼉을 치다

외 취카라오! 오케이! 맨!
짝!
짝!

6단어 복습하기

다음 만화, 단어, 뜻을 관련 있는 것끼리 선으로 이어보세요.

 • pork • • 곤충

 • bomb • • 손뼉을 치다

 • join • • 돼지고기

 • hut • • 폭탄

 • insect • • 참여하다

 • clap • • 오두막

fuel 연료
[fjú:əl]

(f)퓨~얼 → 피울 : 석유 연료(fuel)에 불을 피울

연료에 불을 **피울**
fuel

석유

recognize 알아차리다
[rékəgnaiz]

(r)레커그나이(z)즈 → 내 꺼구나~ 잊으 : "이거 내 꺼구나~" 하고 자기가 잊었던 물건을 알아차리다(recognize)

내 꺼구나!
recognize

알아차리다

spread 퍼뜨리다
[spred]

스프(r)레드 → 스프레이도 : 모기약 스프레이도 온 방에 액체를 퍼뜨리다(spread)

퍼뜨리다

스프레이도
spread

sled 썰매
[sled]

슬레드 → 슬래도 : 멈춰 설래도 서기 힘든 썰매(sled)

썰매를 타면 **슬래도** 서기 힘들다
sled

멈춰!

---

trend 유행
[trend]

트(r)렌드 → 추랜다 : "힙합으로 춤을 추란다. 그게 요즘 젊은이들 유행(trend)이래."

힙합 춤을 **추랜다**
trend
이게 요즘 **유행**

---

sour 신맛이 나는
[sáuər]

싸우어(r) → 싸~ 우엑! : 싸~ 한 신맛이 나는(sour) 상한 우유를 마시고 우엑! 하고 토하다

맛이
싸-

우엑!
sour

**신맛이
나는**우유

6단어 복습하기

다음 만화, 단어, 뜻을 관련 있는 것끼리 선으로 이어보세요.

 · · trend · · 퍼뜨리다

 · · sour · · 연료

 · · spread · · 썰매

 · · fuel · · 알아차리다

 · · sled · · 유행

 · · recognize · · 신맛이 나는

A 한글 뜻을 보고 옆의 영어 단어 철자를 완성하세요.

1	참여하다	j___ ___n
2	폭탄	bo___ ___
3	유행	tr___ ___d
4	손뼉을 치다	___ ___ap
5	돼지고기	___ork
6	연료	f___ ___l
7	썰매	s___ ___d
8	신맛이 나는	___our
9	곤충	in___ ___ct
10	오두막	h___t
11	퍼뜨리다	spr___ ___d
12	알아차리다	reco___ ___ize

B 다음 단어들의 뜻을 적어보세요.

1	clap	_____
2	trend	_____
3	sour	_____
4	spread	_____
5	join	_____
6	sled	_____
7	hut	_____
8	insect	_____
9	fuel	_____
10	recognize	_____
11	bomb	_____
12	pork	_____

잠깐!

혼자서 공부해도 점수는 제자리라면?

1:1 온라인으로 점수상승보장 케어까지 받자!

" 수강생의 50% 학생이 평균 4개월만에 20~67점 이상 상승! "

| 84% 학생 | 10점 이상 상승!
평균
3.2개월 소요 | 50% 학생 | 20점 이상 상승!
평균
4개월 소요 | 9% 학생 | 40점 이상 상승!
평균
4.3개월 소요 | 3% 학생 | 50점 이상 상승!
평균
5개월 소요 |

6달만에	30점 → 97점	총 67점 상승	이*원
4달만에	45점 → 95점	총 50점 상승	김*영
8달만에	51점 → 97점	총 46점 상승	권*채
4.5달만에	58점 → 100점	총 42점 상승	이*진

5달만에	34점 → 87점	총 53점 상승	임*지
1달만에	27점 → 74점	총 47점 상승	강*정
3달만에	22점 → 66점	총 44점 상승	송*은
3달만에	58점 → 98점	총 40점 상승	조*현

대한민국 단기간 성적향상 1위

경선식에듀 1:1 온라인케어란?

경선식에듀의 1:1 온라인 관리 시스템은 각자 레벨에 맞는 커리큘럼 강의를 수강하여,
1:1 밀착관리를 통해 단기간 내 점수 수직상승이 가능한 프로그램 입니다.

업계유일!

전국 1타
경선식 온라인 강의

차별화된
1:1 밀착관리

1:1
맞춤 커리큘럼

나에게 딱 맞춘
편리한 온라인학습

경선식에듀 1:1 Online-Care | 문의전화 1661-6938

놀라운 점수 수직상승의 비결

반드시 오르는 독보적 커리큘럼

어휘, 문법, 독해, 문제풀이까지 경선식 선생님이 직접 개발한
'초단기 완성 커리큘럼'을 통해 3개월 점수 수직상승이 가능합니다.

| 어휘 | 문법 | 독해 | 문제풀이 |

경선식영단어
(중학, 수능)

2년 이상 소요되는 중학,
수능 어휘 1달 완성 가능!

경선식영문법

문법의 완전 기초부터
독해적용까지
쉽고 명쾌한 설명!

경선식 수능독해

독해원리와 독해비법!

유형별 풀이비법,
모의고사 풀이훈련

독해시간 15분 단축 가능,
감이 아닌 논리적인 문제 풀이!

지금도 수많은 학생들이
성적수직상승의 기적을 경험 중입니다.

QR코드로 놀라운 성적향상 후기 확인 >

" **6개월만에 67점을 올린 것은**
100% 사실입니다. "

어떠한 수업보다 특별했던 경선식영문법과 독해,
주 6일동안 매일같이 1:1관리를 철저히 해주신
선생님들 덕분에 점수를 올릴 수 있었어요.

45점 → 95점 (50점 향상)
단어암기가 정말 오래 기억되고, 문법까지도 재미있고 쉬워 단기간에 놀라운 성적향상을 이뤘어요!   - 김*영 수강생 -

58점 → 98점 (40점 향상)
지금껏 몇년동안 했던 영어공부보다 경선식에듀에서의 3달이 더 알차고 효과적이었습니다.   - 조*현 수강생 -

51점 → 86점 (35점 향상)
경선식 온라인케어만의 장점은 1:1 맞춤으로 본인만을 위한 스케줄을 짤 수 있고, 장소와 시간의 제약을
받지 않으며 이해가 안가는 부분은 복습 강의를 통해 다시 강의를 들으며 학습할 수 있다는 것입니다.   - 최*형 수강생 -

73점 → 100점 (27점 향상)
약 3달만에 모의고사에서 100점을 받았습니다.
경선식 영단어, 영문법, 독해, 유형별 풀이 비법 강의들 모두가 정말 최고였습니다.   - 김*우 수강생 -

deaf
[def]
귀가 먹은,
청각 장애가 있는

데(f)프 → 대포 : 대포 소리에 귀가 먹은(deaf)

대포소리에
deaf 귀가 먹은
콩!!

construct
[kənstrʌ́kt]
건설하다

컨스트(r)럭트 → 큰 수 트럭트 : 큰 수의 트럭을 이용하여 시멘트를
나르며 건물을 건설하다(construct)

큰 수의 트럭으로 건설하다
construct

x100

appear
[əpíər]
1. 나타나다
2. ~처럼 보이다

어피어(r) → 업혀 : 며칠간 결석했던 친구가 오늘 엄마 등에 업혀
나타나다(appear). 아픈 것처럼 보인다(appear).

아픈
것처럼
보이다

엄마 등에
업혀(어피어)
appear
나타나다

disease 병, 질병
[dizíːz]

병들어 **뒤지다**
disease

디(z)지~(z)즈 → 뒤지다 : 쥐가 병(disease)들어 뒤지다(죽다)

nickname 별명, 애칭
[níkneim]

닉!

닉슨

'닉'이란 **name**(이름)으로
nickname
별명을 부르다

닉네임 → 닉 name(이름) : 닉슨, 닉쿤 등과 같은 이름을 줄여서 '닉'이란 이름(name)으로 별명(nickname)을 부르다.

recommend 추천하다
[rèkəménd]

내 꺼 맨들어준 곳이야
recommend

추천하다

(r)레커멘드 → 내 꺼 맨들어 : 친구가 "내 것을 만들어준 곳이야." 하며 자신의 옷을 멋지게 만들어준 가게를 추천하다(recommend)

맞춤 정장

다음 만화, 단어, 뜻을 관련 있는 것끼리 선으로 이어보세요.

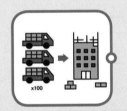

recommend • 별명, 애칭

disease • 추천하다

deaf • 1. 나타나다
2. ~처럼 보이다

nickname • 귀가 먹은,
청각 장애가 있는

construct • 병, 질병

appear • 건설하다

pregnant 임신한
[prégnənt]

임신한닭

풀밭에 에그(egg)난
pregnant

프(r)레그넌트 → 풀 에그(egg: 달걀) 난(낳은) t : 임신한 (pregnant) 암탉이 풀밭에 에그(달걀)를 난(낳은)

---

medical 의학의
[médikəl]

의학의

손매디와
뼈매디를 칼로
medical

메디컬 → 매디(마디) 컬(칼) : 손매디(마디)와 뼈매디(마디)를 칼로 자르며 수술하는 의학의(medical)

---

medicine 약
[médisin]

뼈 매디 신(시린)데
medicine

약

메디신 → 매디(마디) 신(시린) : 뼈매디(마디)가 신(시린) 데 바르는 약(medicine)

anniversary 기념일

[ǽnivə́:rsəri]

애니(v)버~(r)서(r)리 → 아니 벌써 (우)리 : "아니, 벌써 우리 결혼기념일(anniversary)이 됐어?"

---

harvest 수확, 추수

[hɑ́:rvist]

하~(r)(v)비스트 → 합이 수 투(two) : 태풍이 지나간 후에 수확 (harvest)한 사과의 합이 수(숫자)로 two(2)개 뿐!

---

sprain (손목 · 발목 등을) 삐다

[sprein]

스프(r)레인 → 스프레이 : 삔(sprain) 곳에 뿌리는 스프레이형 파스

6단어 복습하기

다음 만화, 단어, 뜻을 관련 있는 것끼리 선으로 이어보세요.

 • medicine • (손목·발목 등을)
삐다

 • pregnant • 기념일

 • anniversary • 임신한

 • medical • 수확, 추수

 • harvest • 의학의

 • sprain • 약

A 한글 뜻을 보고 옆의 영어 단어 철자를 완성하세요.

1	병, 질병	dis___ ___se
2	귀가 먹은, 청각 장애가 있는	de___ ___
3	수확, 추수	h___ ___vest
4	추천하다	rec___ ___mend
5	1. 나타나다 2. ~처럼 보이다	ap___ ___ar
6	임신한	p___ ___gnant
7	기념일	ann___ ___ersary
8	(손목 · 발목 등을) 삐다	sp___ ___in
9	별명, 애칭	ni___ ___name
10	건설하다	co___ ___truct
11	약	medi___ ___ne
12	의학의	medi___ ___l

B 다음 단어들의 뜻을 적어보세요.

1	recommend	_____
2	harvest	_____
3	sprain	_____
4	medicine	_____
5	disease	_____
6	anniversary	_____
7	construct	_____
8	nickname	_____
9	pregnant	_____
10	medical	_____
11	deaf	_____
12	appear	_____

4~6강 전체 복습

다음 단어들의 뜻을 적어 보세요.

4강

1	freezing	_____	7	approach	_____
2	flame	_____	8	mean	_____
3	injure	_____	9	fellow	_____
4	global	_____	10	seek	_____
5	add	_____	11	thermometer	_____
6	effort	_____	12	knowledge	_____

5강

13	bomb	_____	19	fuel	_____
14	hut	_____	20	recognize	_____
15	pork	_____	21	spread	_____
16	join	_____	22	sled	_____
17	insect	_____	23	trend	_____
18	clap	_____	24	sour	_____

6강

25	deaf	_____	31	pregnant	_____
26	construct	_____	32	medical	_____
27	appear	_____	33	medicine	_____
28	disease	_____	34	anniversary	_____
29	nickname	_____	35	harvest	_____
30	recommend	_____	36	sprain	_____

1

freezing 몹시 추운

2

flame 불꽃, 화염

3

injure 상처를 입히다

4

global 지구의, 세계적인

5

add 더하다, 추가하다

6

effort 노력

7

approach 접근하다

8

mean 의미하다

9

fellow 친구

10

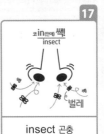

seek 찾다

11

thermometer 온도계

12

knowledge 지식

13

bomb 폭탄

14

hut 오두막

15

pork 돼지고기

16

join 참여하다

17

insect 곤충

18

clap 손뼉을 치다

19

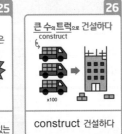

fuel 연료

20

recognize 알아차리다

21

spread 퍼뜨리다

22

sled 썰매

23

trend 유행

24

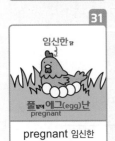

sour 신맛이 나는

25

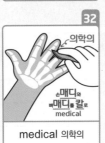

deaf 귀가 먹은, 청각 장애가 있는

26

construct 건설하다

27

appear 1.나타나다 2.~처럼 보이다

28

disease 병, 질병

29

nickname 별명, 애칭

30

recommend 추천하다

31

pregnant 임신한

32

medical 의학의

33

medicine 약

34

anniversary 기념일

35

harvest 수확, 추수

36

sprain (손목·발목 등을) 삐다

chill   쌀쌀한; 냉기
[tʃil]

칠(7)도의 쌀쌀한;냉기
chill

-7(칠)℃

칠 → 칠(7) : 영하 7도의 기온으로 쌀쌀한(chill)

_____ _____

- - - - - - - - - - - - - - - - - - - - - - - - - -

_____ _____

_____ _____

- - - - - - - - - - - - - - - - - - - - - - - - - -

_____ _____

limit   한계; 한정하다
[límit]

니 밑으로는 매진
limit

매표소

한정하다

리밑 → 니 밑 : 극장표를 구하는 줄에서 "니 밑으로는 매진이라 표를 못 사!"라며 살 수 있는 사람까지만 한정하다(limit)

_____ _____

- - - - - - - - - - - - - - - - - - - - - - - - - -

_____ _____

_____ _____

- - - - - - - - - - - - - - - - - - - - - - - - - -

_____ _____

tradition   전통
[trədíʃən]

고개를 틀어 드시는 것이
tradition
술자리 전통

윗사람

트(r)러디(ʃ)션 → 틀어 드션 : 어른 앞에서 술을 마실 때 고개를 틀어서 드시는 것이 우리의 전통(tradition)

_____ _____

- - - - - - - - - - - - - - - - - - - - - - - - - -

_____ _____

_____ _____

- - - - - - - - - - - - - - - - - - - - - - - - - -

_____ _____

baggage
[bǽgidʒ]

(여행의)
수하물, 짐

배기쥐 → bag(가방)이지 : 여행할 때 가지고 가는 짐(baggage), 즉 bag(가방)이지

여행용 bag(가방)이지
baggage

수하물, 짐

indoor
[índɔ:r]

실내의

인도~어(r) → in(~안에) + door(문) : 문(door) 안쪽의(in) 즉, 실내의(indoor)

in(~안에)+door(문)
indoor 실내의

outdoor
[áutdɔ:r]

집 밖의, 야외의

아웃도~어(r) → out(~밖에) + door(문) : 문(door) 바깥쪽의 (out) 즉, 집 밖의(outdoor)

out(~ 밖에)+door(문)
outdoor 집 밖의

다음 만화, 단어, 뜻을 관련 있는 것끼리 선으로 이어보세요.

tradition

limit

indoor

chill

baggage

outdoor

한계; 한정하다

(여행의) 수하물, 짐

쌀쌀한; 냉기

전통

집 밖의, 야외의

실내의

proper   적당한, 적절한
[prá:pər]

프(r)라~퍼(r) → 퍼라 퍼! : 식판에 먹을 만큼만 적당한(proper) 양을 퍼라 퍼!

적당한 양만 **퍼라 퍼!**
proper

glue   접착제, 풀
[glu:]

글루~ → 꿀루(꿀로) : 접착제(glue) 대신 끈적끈적한 꿀로 쓰다

접착제 대신 **꿀로** 쓰다
glue

fan   1. (가수 · 영화 등의) 팬
[fæn]   2. 부채, 선풍기

(f)팬 → 팬 : 어떤 가수의 팬들이 그 가수의 사진이 담긴 부채(fan)를 들고 응원하다

부채

오빠~!

팬
fan

pardon
[páːrdn]
뭐라고요? (다시 말해달라는 뜻으로 쓰는 말)

파~(r)든 → 팔 든 : 수업시간에 "뭐라고요(pardon)?"라며 다시 말해달라고 팔을 든 학생

increase
[동 inkríːs 명 ínkriːs]
증가하다; 증가

냄비 안(in) 국을 끓이스
increase

거품이 증가하다

인크(r)리~스 → in(~ 안에) 크리스(끓이스) : 냄비 안에(in) 국을 센 불로 끓여서 거품이 증가하다(increase)

job
[dʒaːb]
직업, 일

직업을 좀 잡아래!
job

좌~압 → 잡(아라) : 대학 졸업했으면 직업(job) 좀 잡아라!

다음 만화, 단어, 뜻을 관련 있는 것끼리 선으로 이어보세요.

glue

직업, 일

pardon

증가하다; 증가

proper

접착제, 풀

fan

뭐라고요? (다시 말해달라는 뜻으로 쓰는 말)

job

적당한, 적절한

increase

1. (가수 · 영화 등의) 팬
2. 부채, 선풍기

A 한글 뜻을 보고 옆의 영어 단어 철자를 완성하세요.

1	(여행의) 수하물, 짐	___ ___ggage
2	쌀쌀한; 냉기	c___ ___ll
3	증가하다; 증가	in___ ___ease
4	집밖의, 야외의	___ ___tdoor
5	전통	tra___ ___tion
6	적당한, 적절한	p___ ___per
7	뭐라고요?	par___ ___n
8	직업, 일	j___b
9	실내의	___ ___door
10	한계; 한정하다	___ ___mit
11	1. (가수 · 영화 등의) 팬 2. 부채, 선풍기	___an
12	접착제, 풀	gl___ ___

B 다음 단어들의 뜻을 적어보세요.

1	outdoor	_____
2	increase	_____
3	job	_____
4	fan	_____
5	baggage	_____
6	pardon	_____
7	limit	_____
8	indoor	_____
9	proper	_____
10	glue	_____
11	chill	_____
12	tradition	_____

08

ignore 무시하다
[ignɔ́:r]

이그**노**~어(r) → 이그 너 : "이구, 너 이것도 몰라?" 하며 무시하다 (ignore)

mild 부드러운, 온화한
[maild]

마일드 → 마일도 : 시속 100마일도 부드러운(mild) 속도로 달리는 고급 자동차

discover 발견하다
[diskʌ́vər]

디스**커**버(r) → this(이) cover(덮개, 커버) : this(이) 커버(덮개)를 벗겨낸 후 안에 있던 물건을 발견하다(discover)

deceive 속이다
[disíːv]

디씨~(v)브 → 뒤 씹으 : 친한 친구를 뒤에서 씹으며(욕하며) 속이다 (deceive)

뒤에서 씹으
deceive

속이다
뒤

change
[tʃeindʒ]

1. 변하다, 바꾸다
2. 잔돈

췌인쥐 : '바꾸다'란 뜻에서 큰돈을 받고 바꿔주는 잔돈(change)

잔돈
100 100 100
10000
바꿔(change)주는 돈

actually 실제로, 사실은
[ǽktʃuəli]

액츄얼리 → 액! 추워리 : 여자친구에게 외투를 벗어주고는 안 춥다고 하더니 액! 하며 실제로(actually)는 추워리

액!
추월리
actually

실제로

다음 만화, 단어, 뜻을 관련 있는 것끼리 선으로 이어보세요.

actually

change

mild

deceive

ignore

discover

발견하다

부드러운, 온화한

1. 변하다, 바꾸다
2. 잔돈

무시하다

속이다

실제로, 사실은

source   근원, 원천
[sɔːrs]

쏘스맛의 원천은?
source

뭘 넣었지?

achieve   성취하다
[ətʃíːv]

어취~(v)브 → 얻지(얻다) 부 : 목표했던 부를 얻어 목적을 성취하다 (achieve)

목적을 성취하여
부를 얻지
achieve

mostly   대부분
[móustli]

모우스틀리 → 못 쓰(어) 틀리(틀리다) : 우리 반 학생 대부분 (mostly) 이 문제의 답을 못 쓰어(써서) 틀렸다 *most 대부분의

우리 반 학생 대부분
이 문제의 답을 못 쓰어 틀리다
mostly

value   가치
[vǽljuː]

> (v)밸류~ → 별로 : "이 골동품은 밸류(별로) 가치(value)가 없군."

lie   거짓말; 거짓말하다
[lai]

> 라이 → 나이 : 연예인들이 더 어려 보이기 위해 나이를 속이며
> 거짓말하다(lie) *liar 거짓말쟁이

lie   눕다, 누워있다
[lai]

> 라이 → 나이 : 할머니가 나이가 드셔서 힘 없이 누워있다(lie)

다음 만화, 단어, 뜻을 관련 있는 것끼리 선으로 이어보세요.

lie

value

source

lie

achieve

mostly

거짓말; 거짓말하다

눕다, 누워있다

대부분

근원, 원천

가치

성취하다

A 한글 뜻을 보고 옆의 영어 단어 철자를 완성하세요.

1. 속이다   de___ ___ive
2. 무시하다   ig___ ___re
3. 거짓말; 거짓말하다   l___ ___
4. 실제로, 사실은   ac___ ___ally
5. 발견하다   dis___ ___ver
6. 근원, 원천   s___ ___rce
7. 가치   va___ ___e
8. 성취하다   ach___ ___ve
9. 1. 변하다, 바꾸다 2. 잔돈   ch___ ___ge
10. 부드러운, 온화한   mi___ ___
11. 대부분   m___ ___tly
12. 눕다, 누워있다   ___ ___e

B 다음 단어들의 뜻을 적어보세요.

1. actually _____
2. lie _____
3. mild _____
4. mostly _____
5. deceive _____
6. value _____
7. ignore _____
8. change _____
9. source _____
10. achieve _____
11. discover _____
12. lie _____

dot 점; 점을 찍다
[dɑ:t]

다~트 → 닷 : 닷컴(.com)의 닷은 점(dot)

점 ⊙ com
점

땡처리 **닷**컴 → 땡처리 ⊙ com
　　dot

롯데 **닷**컴 → 롯데 ⊙ com
　　dot

_____   _____
- - - - - - - - - -   - - - - - - - - - -
_____   _____

_____   _____
- - - - - - - - - -   - - - - - - - - - -
_____   _____

view 경치
[vju:]

(v)뷰~ → 비유 : '잘 보여요'를 충청도 사투리로 "잘 비유", 즉 "경치 (view)가 잘 비유(보여유)?"

_____   _____
- - - - - - - - - -   - - - - - - - - - -
_____   _____

_____   _____
- - - - - - - - - -   - - - - - - - - - -
_____   _____

election 선거
[ilékʃən]

일렉(ʃ)션 → 일(1) 냈어 : 선거(election) 투표지에 1(일)번 후보를 써서 냈어 *elect 선출하다, 선거하다

_____   _____
- - - - - - - - - -   - - - - - - - - - -
_____   _____

_____   _____
- - - - - - - - - -   - - - - - - - - - -
_____   _____

major 주요한
[méidʒər]

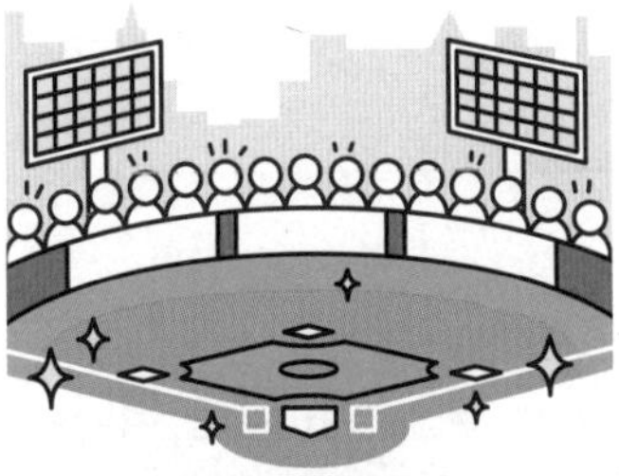

메이줘(r) → 메이저리그(major league)는 1급 선수들이 참여하는 주요한(major) 리그

주요한 **메이저**리그
major

minor 중요치 않은, 작은
[máinər]

마이너(r) → 마이너리그(minor league)는 2류 선수들에 의한 중요치
않은(minor) 리그로 소수의(minor) 사람들만 관전하는 리그

중요치 않은 **마이너**리그
minor

majority 대부분
[mədʒɔ́ːriti]

머조~(r)리티 → 모조리 티 : 모조리(→ 대부분 : majority) 다
똑같은 색의 티를 입고 응원하다

대부분 **모조리**같은 **티**
majority

다음 만화, 단어, 뜻을 관련 있는 것끼리 선으로 이어보세요.

 • minor • • 선거

 • majority • • 점; 점을 찍다

 • election • • 주요한

 • dot • • 경치

 • major • • 중요치 않은, 작은

 • view • • 대부분

contain (속에) 담고 있다
[kəntéin]

컨테인 → 컨테이너 박스(container box)란 물건을 담고 있는
(contain) 박스

컨테이너 박스
contain

물건을 **담고 있다**

liberty 자유
[líbərti]

리버(r)티 → 니 버티(버텨)! : 독립투사들이 자유(liberty)를 얻기
위해 일제의 고문을 버티어 내자고 "니가 버티(버텨)!"

니가 **버티!**
liberty

자유를
위해!!

feed 음식을 먹이다
[fi:d]

(f)피~드 → 푸드 : food(음식)의 동사형

food(음식) → feed
먹이를 주다

vote 투표하다; 투표
[vout]

(v)보우트 → 보트 : 누가 먼저 구명보트를 타고 탈출할지를 투표하다 (vote)

lift 들어 올리다
[lift]

리(f)프트 → 리프트 : 스키장의 리프트가 사람을 번쩍 들어 올리다 (lift)

charge 요금
[tʃaːrdʒ]

촤~(r)쥐 → 차지 : "저녁식사 요금(charge)은 네 차지야. 네가 낼 차례야."

6단어 복습하기

다음 만화, 단어, 뜻을 관련 있는 것끼리 선으로 이어보세요.

・ feed ・ ・ 요금

・ contain ・ ・ 투표하다; 투표

・ vote ・ ・ (속에) 담고 있다

・ liberty ・ ・ 들어 올리다

・ lift ・ ・ 자유

・ charge ・ ・ 음식을 먹이다

A 한글 뜻을 보고 옆의 영어 단어 철자를 완성하세요.

1	주요한	m___ ___or
2	점; 점을 찍다	___ot
3	들어 올리다	li___ ___
4	대부분	ma___ ___rity
5	선거	e___ ___ction
6	(속에) 담고 있다	cont___ ___n
7	투표하다; 투표	v___te
8	요금	ch___ ___ge
9	중요치 않은, 작은	mi___ ___r
10	경치	v___ ___w
11	음식을 먹이다	f___ ___d
12	자유	li___ ___rty

B 다음 단어들의 뜻을 적어보세요.

1	majority	_____
2	lift	_____
3	charge	_____
4	feed	_____
5	major	_____
6	vote	_____
7	view	_____
8	minor	_____
9	contain	_____
10	liberty	_____
11	dot	_____
12	election	_____

7~9강 전체 복습

다음 단어들의 뜻을 적어 보세요.

7강

1 chill _____

2 limit _____

3 tradition _____

4 baggage _____

5 indoor _____

6 outdoor _____

7 proper _____

8 glue _____

9 fan _____

10 pardon _____

11 increase _____

12 job _____

8강

13 ignore _____

14 mild _____

15 discover _____

16 deceive _____

17 change _____

18 actually _____

19 source _____

20 achieve _____

21 mostly _____

22 value _____

23 lie _____

24 lie _____

9강

25 dot _____

26 view _____

27 election _____

28 major _____

29 minor _____

30 majority _____

31 contain _____

32 liberty _____

33 feed _____

34 vote _____

35 lift _____

36 charge _____

7~9강 전체 복습 정답

1 chill 쌀쌀한; 냉기

2 limit 한계; 한정하다

3 tradition 전통

4 baggage (여행의) 수하물, 짐

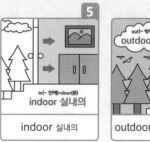

5 indoor 실내의

6 outdoor 집 밖의, 야외의

7 proper 적당한, 적절한

8 glue 접착제, 풀

9 fan 1.(가수·영화 등의) 팬 2.부채, 선풍기

10 pardon 뭐라고요?

11 increase 증가하다; 증가

12 job 직업, 일

13 ignore 무시하다

14 mild 부드러운, 온화한

15 discover 발견하다

16 deceive 속이다

17 change 1.변하다, 바꾸다 2.잔돈

18 actually 실제로, 사실은

19 source 근원, 원천

20 achieve 성취하다

21 mostly 대부분

22 value 가치

23 lie 거짓말; 거짓말하다

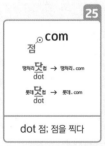

24 lie 눕다, 누워있다

25 dot 점; 점을 찍다

26 view 경치

27 election 선거

28 major 주요한

29 minor 중요치 않은, 작은

30 majority 대부분

31 contain (속에) 담고 있다

32 liberty 자유

33 feed 음식을 먹이다

34 vote 투표하다; 투표

35 lift 들어 올리다

36 charge 요금

coward 겁쟁이
[káuərd]

카우어(r)드 → 카우(cow: 황소) 워~드 : cow(황소)가 무서워 "워~"하며 겁먹은 겁쟁이(coward)

purchase 사다, 구입하다
[pə́ːrtʃəs]

퍼~(r)춰스 → 펼쳤어 : 가판대에 팔 물건을 짝 펼쳤어. 그랬더니 사람들이 몰려와 구입하다(purchase)

patient
[péiʃənt]
1. 인내심이 강한
2. 환자

페이(ʃ)션트 → 패이신 : 살이 패이신 환자(patient)가 고통을 참는 (patient)

crop 농작물
[krɑ:p]

크(r)라~ㅍ → 크라(커라)~앞! : "빨리 크라~앞!" 하고 농작물(crop)에게 기합을 넣어주는 농부

regulation 규칙, 규정
[règjuléiʃən]

(r)레귤레이(ʃ)션 → 내 규율 내이션 : 왕이 말하길 "내가 규율(regulation)을 낼 테니 너희들은 따르거라."

physical 육체의
[fízikəl]

(f)피(z)지컬 → 피지 칼 → 피가 나지 칼에 : 칼에 베이면 피가 나는 육체의(physical)

다음 만화, 단어, 뜻을 관련 있는 것끼리 선으로 이어보세요.

purchase

1. 인내심이 강한
2. 환자

crop

사다, 구입하다

coward

규칙, 규정

patient

겁쟁이

physical

농작물

regulation

육체의

vehicle 차량
[ví:hikl]

(v)비~히클 → 비킬 : 차량(vehicle)이 와서 비킬(비키다)

차량이 와서 비킬
vehicle

뺑!
뺑!

agriculture 농업
[ǽgrikʌltʃər]

애그(r)리컬춰(r) → 애 그리 칼 쳐 : 애가 그리(그렇게) 벼를 칼로 치며 농업(agriculture)을 하다 * agricultural 농업의

농업

애가 그리
칼쳐
agriculture

aid 돕다; 도움
[eid]

에이드 → 에이즈 : 에이즈에 걸린 불쌍한 아이들을 돕다(aid)

에이즈 환자를 돕다
aid

에이즈 아동
후원 행사

에이즈 후원 기금
10,000,000

attach 붙이다
[ətǽtʃ]

어태취 → 어, 뗐지 : "어, 이 스티커 네가 뗐지? 다시 붙여 놔 (attach)!"

tear 눈물
[tiər]

티어(r) → 튀어 : 뚝뚝 떨어지는 눈물(tear)이 튀어

university 대학교
[jùːnivə́ːrsəti]

유~니(v)버~(r)서티 → 윤이 벌써 티(티셔츠) : 윤이 벌써 대학교 (university) 티셔츠를 입은 대학생이야?

다음 만화, 단어, 뜻을 관련 있는 것끼리 선으로 이어보세요.

 · aid · 대학교

 · agriculture · 눈물

 · tear · 농업

 · vehicle · 붙이다

 · attach · 차량

 · university · 돕다; 도움

A 한글 뜻을 보고 옆의 영어 단어 철자를 완성하세요.

1	농작물	cr___p
2	겁쟁이	cow___ ___d
3	눈물	t___ ___r
4	육체의	phy___ ___cal
5	1. 인내심이 강한 2. 환자	pa___ ___ent
6	차량	___ ___hicle
7	붙이다	at___ ___ch
8	대학교	uni___ ___rsity
9	규칙, 규정	re___ ___lation
10	사다, 구입하다	p___ ___chase
11	돕다; 도움	___ ___d
12	농업	agri___ ___lture

B 다음 단어들의 뜻을 적어보세요.

1	physical	_____
2	tear	_____
3	university	_____
4	aid	_____
5	crop	_____
6	attach	_____
7	purchase	_____
8	regulation	_____
9	vehicle	_____
10	agriculture	_____
11	coward	_____
12	patient	_____

copper 1. 구리 2. 동전
[kά:pər]

카~퍼(r) → 갚어! : 구리 동전(copper) 하나 빌려주며 "갚어!" 라고 말하다

beast 짐승
[bi:st]

비~스트 → 비수 투! : 짐승(beast)의 가슴에 비수를 꽂고 침을 투! 하고 뱉다

complain 불평하다
[kəmpléin]

컴플레인 → 큰 plane(비행기) : 작은 비행기가 너무 좁아 불편하다며 "큰 플레인(비행기)을 탈 걸." 하며 불평하다(complain)

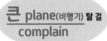

huge 거대한
[hju:dʒ]

휴~쥐 → 후지 : 일본의 거대한(huge) 후지산

---

graduation 졸업
[grædʒuéiʃən]

그(r)래주에이(ʃ)션 → 그래도 애이션 : 졸업을 하는 친구의 애 같은 장난에 철 없다는 듯이 "쟤는 졸업(graduation)을 해도(그래두) 애이셔." * graduate 졸업시키다, 졸업하다

---

metal 금속
[métl]

메틀 → 메달 : 메달은 금, 은, 동과 같은 금속(metal) 물질로 제작

초등 5-6학년 영단어   **087**

다음 만화, 단어, 뜻을 관련 있는 것끼리 선으로 이어보세요.

metal
짐승

graduation
거대한

beast
1. 구리 2. 동전

huge
불평하다

copper
금속

complain
졸업

industry 산업
[índəstri]

인도's tree(나무) 산업
industry

> 인더스트(r)리 → 인도's tree(나무) : 인도 밀림의 나무(tree) 산업 (industry)

exit 출구
[égzit, éksit]

에구 개가 짖는다
exit

↑
출구

월!

월!

> 에그(z)짓 → 에구 짖(는다) : 몰래 집에 들어온 도둑들이 "에구, 개가 짖는다." 라고 말하며 출구(exit)로 빠져나가다.

search 찾다, 수색하다
[sɜ:rtʃ]

리모컨을 내가 아까 썼지?
search

?

찾다

> 써~(r)취 → 썼지? : "리모컨을 내가 아까 썼지? 어디다 놨지?" 하며 리모컨을 찾다(search)

temperature　온도

[témpərətʃər]

joy　기쁨

[dʒɔi]

sunset　일몰

[sʌ́nset]

다음 만화, 단어, 뜻을 관련 있는 것끼리 선으로 이어보세요.

exit

일몰

temperature

기쁨

industry

출구

search

온도

sunset

산업

joy

찾다, 수색하다

A 한글 뜻을 보고 옆의 영어 단어 철자를 완성하세요.

1	거대한	h___ge
2	1. 구리 2. 동전	c___ ___per
3	기쁨	___ ___y
4	금속	___ ___tal
5	불평하다	com___ ___ain
6	일몰	s___ ___set
7	온도	temp___ature
8	산업	ind___ ___try
9	졸업	gra___ ___ation
10	짐승	b___ ___st
11	찾다, 수색하다	se___ ___ch
12	출구	ex___ ___

B 다음 단어들의 뜻을 적어보세요.

1	metal	_____
2	joy	_____
3	sunset	_____
4	search	_____
5	huge	_____
6	temperature	_____
7	beast	_____
8	graduation	_____
9	industry	_____
10	exit	_____
11	copper	_____
12	complain	_____

devil 악마
[dévl]

데(v)블 → 대(大: 큰 대) 불 : 大(큰) 불과 같이 이글거리며 불타는 악마(devil)

악마

大불
devil

accept 받아들이다
[əksépt]

억셉트 → 1억 세트 : 1억 원어치의 선물 세트를 날름 받아들이다 (accept)

억원 선물 세트
accept

1억₩

날름 받아들이다

bottom 밑바닥
[bá:təm]

바~텀 → 바탕 : 건물의 밑바탕인 밑바닥(bottom)

건물의 밑 바탕 = 밑바닥
bottom

suppose
[səpóuz]

추측하다, 생각하다

서**포**우(**z**)즈 → 소포 우주 : 소포를 우주로 보내는 시대를 추측하다 (suppose)

소포를 **우주**로 보내는 시대를
suppose **추측하다**

few
[fju:]

거의 없는, 소수의

(**f**)퓨~ → 피우 : 학교에서 담배 피우는 사람들은 거의 없는(few)
* a few 약간의, 조금의

학교에서 담배를 **피우**는
few
사람들은 **거의 없는**

allow
[əláu]

허락하다

얼라우 → 얼라 우(울다) : 얼라가 울어서 핸드폰 게임을 허락하다 (allow)

얼라 우(울다)
allow

핸드폰 게임을
허락하다

다음 만화, 단어, 뜻을 관련 있는 것끼리 선으로 이어보세요.

 • bottom • • 받아들이다

 • accept • • 추측하다,
생각하다

 • few • • 악마

 • devil • • 밑바닥

 • suppose • • 허락하다

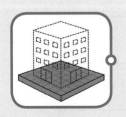 • allow • • 거의 없는,
소수의

pity   불쌍히 여김
[píti]

불쌍히 여김

피 튀기다
pity

피티 → 피 튀 : 피를 튀기며 절룩거리는 개를 보고 불쌍히 여김
(pity)

bless   축복하다
[bles]

축복하다

불 냈수
bless

블레쓰 → 불 냈수 : 케이크 위에 불꽃을 내서 두 사람의 결혼을
축복하다(bless)

education   교육
[èdʒukéiʃən]

교육

머리가
애들 깨이션
education

에주케이(ʃ)션 → 애들 깨이션 : 애들의 머리를 깨도록 가르치는
교육(education)

region 지역
[ríːdʒən]

> (r)리~줜 → 이전 : 다른 지역(region)으로 사무실을 이전하는 (옮기는)

다른 **지역**으로 **이전** region

---

jellyfish 해파리
[dʒélifiʃ]

> 젤리(f)피(ʃ)쉬 → jelly(젤리) + fish(물고기) : 젤리와 같이 말랑말랑한 fish(물고기)

jelly(젤리)+fish(물고기)
jellyfish 해파리

---

starfish 불가사리
[stάːrfiʃ]

> 스타~(r)(f)피(ʃ)쉬 → star(별) + fish(물고기, 어류) : 별처럼 생긴 fish(어류)

star(별)+fish(물고기,어류)
starfish 불가사리

다음 만화, 단어, 뜻을 관련 있는 것끼리 선으로 이어보세요.

starfish

교육

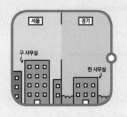

jellyfish

축복하다

bless

해파리

region

불쌍히 여김

pity

지역

education

불가사리

A 한글 뜻을 보고 옆의 영어 단어 철자를 완성하세요.

1	추측하다, 생각하다	sup___ ___se
2	악마	d___ ___il
3	해파리	jel___ ___fish
4	허락하다	al___ ___w
5	밑바닥	bot___ ___m
6	불쌍히 여김	___ ___ty
7	지역	re___ ___on
8	불가사리	st___ ___fish
9	거의 없는, 소수의	___ ___w
10	받아들이다	ac___ ___pt
11	교육	e___ ___cation
12	축복하다	bl___ ___s

B 다음 단어들의 뜻을 적어보세요.

1	allow	_____
2	jellyfish	_____
3	starfish	_____
4	education	_____
5	suppose	_____
6	region	_____
7	accept	_____
8	few	_____
9	pity	_____
10	bless	_____
11	devil	_____
12	bottom	_____

다음 단어들의 뜻을 적어 보세요.

10강

1	coward	_____	7 vehicle	_____
2	purchase	_____	8 agriculture	_____
3	patient	_____	9 aid	_____
4	crop	_____	10 attach	_____
5	regulation	_____	11 tear	_____
6	physical	_____	12 university	_____

11강

13	copper	_____	19 industry	_____
14	beast	_____	20 exit	_____
15	complain	_____	21 search	_____
16	huge	_____	22 temperature	_____
17	graduation	_____	23 joy	_____
18	metal	_____	24 sunset	_____

12강

25	devil	_____	31 pity	_____
26	accept	_____	32 bless	_____
27	bottom	_____	33 education	_____
28	suppose	_____	34 region	_____
29	few	_____	35 jellyfish	_____
30	allow	_____	36 starfish	_____

10~12강 전체 복습 정답

 coward 겁쟁이	 purchase 사다, 구입하다	 patient 1.인내심이 강한 2.환자	 crop 농작물	 regulation 규칙, 규정	 physical 육체의
 vehicle 차량	 agriculture 농업	 aid 돕다; 도움	 attach 붙이다	 tear 눈물	 university 대학교
 copper 1.구리 2.동전	 beast 짐승	 complain 불평하다	 huge 거대한	 graduation 졸업	 metal 금속
 industry 산업	 exit 출구	 search 찾다, 수색하다	 temperature 온도	 joy 기쁨	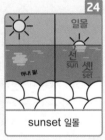 sunset 일몰
 devil 악마	 accept 받아들이다	 bottom 밑바닥	 suppose 추측하다, 생각하다	 few 거의 없는, 소수의	 allow 허락하다
 pity 불쌍히 여김	 bless 축복하다	 education 교육	 region 지역	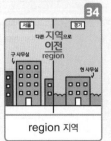 jellyfish 해파리	 starfish 불가사리

robbery 강도질, 강탈
[rá:bəri]

> **(r)라~버(r)리 → 놔버리!** : 핸드백을 강제로 빼앗으며 "이거 놔버려!"하며 강탈(robbery)하는 강도질(robbery)
> * rob 강도질하다, 빼앗다

district 구역, 지역
[dístrikt]

> **디스트(r)릭트 → 뒤 street(거리)** : 뒷거리의 깡패 집단 구역 (district)

background 배경
[bǽkgraund]

> **백그(r)라운드 → back(뒤의) + ground(땅, 바탕)** : 그림을 그릴 때 뒤에(back) 보이는 땅(ground)이 배경(background)이 된다.

particular
[pərtíkjulər]

특별한, 특이한

퍼(r)**티**큘러(r) → 파티 큘러(드라큘라) : 파티에 혼자서 드라큘라 복장을 하고 온 특이한(particular) 모습

특이한

파티에
드라**큘라**복장
particular

lend
[lend]

빌려주다

렌드 → land(땅) : 농부에게 농사지을 land(땅)을 빌려주다(lend)

농사지을 land(땅)을
lend
빌려주다

땅

exactly
[igzǽktli]

정확하게

이그(z)**잭**틀리 → 이그 재 틀리 : "이그~ 재 틀리었어, 좀 정확하게 (exactly) 해라!" * exact 정확한

1+1=3

정확하게 써!

이그~
재 틀리었어
exactly

다음 만화, 단어, 뜻을 관련 있는 것끼리 선으로 이어보세요.

lend • 정확하게

exactly • 특별한, 특이한

background • 강도질, 강탈

robbery • 빌려주다

particular • 구역, 지역

district • 배경

emergency 비상사태
[imɔ́:rdʒənsi]

이머~(r)줜시 → 임마! 전시! : 군인들에게 "임마, 지금은 전시야! 전쟁이 난 비상사태(emergency)라고!"

depend 의존하다
[dipénd]

디펜드 → 뒤 팬드(팬들) : 가수들이 자신의 뒤에서 받쳐주는 팬들에 의지하다(depend) * depend on ~에 의존하다, 믿다

elder 손위의, 나이가 더 많은
[éldər]

엘더(r) → 앨(애를) 더 : 어머니가 애를 더 낳으면 나는 손위의 (elder) 형이나 언니가 된다.

terrible　끔찍한, 심한
[térəbl]

테(r)러블 → 테러 불 : 테러범이 불을 지르며 사람들을 죽이는 끔찍한(terrible) 상황

끔찍한

테러범이 불을 지르다
terrible

cheek　뺨, 볼
[tʃiːk]

취~크 → 칙! : 뺨(cheek) 속에 침을 모아 칙! 하고 뱉다

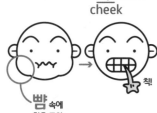

칙! 하고 뱉다
cheek

뺨 속에
침을 모아

칙!

necessary　필요한
[nésəsəri]

네써써(r)리 → 내서 쓰리 : 꼭 필요한(necessary) 물품은 돈을 내서 쓰리

필요한

돈을
내서 쓰리
necessary

다음 만화, 단어, 뜻을 관련 있는 것끼리 선으로 이어보세요.

 • necessary • 손위의, 나이가 더 많은

 • terrible • 비상사태

 • emergency • 끔찍한, 심한

 • cheek • 의존하다

 • depend • 뺨, 볼

 • elder • 필요한

A 한글 뜻을 보고 옆의 영어 단어 철자를 완성하세요.

1 특별한, 특이한   par___ ___cular
2 강도질, 강탈   rob___ ___ry
3 뺨, 볼   ch___ ___k
4 정확하게   ex___ ___tly
5 배경   bac___ ___round
6 비상사태   em___ ___gency
7 끔찍한, 심한   ter___ ___ble
8 필요한   nec___ ___sary
9 빌려주다   le___ ___
10 구역, 지역   dist___ ___ct
11 손위의, 나이가 더 많은   ___ ___der
12 의존하다   de___ ___nd

B 다음 단어들의 뜻을 적어보세요.

1 exactly   _____
2 cheek   _____
3 necessary   _____
4 elder   _____
5 particular   _____
6 terrible   _____
7 district   _____
8 lend   _____
9 emergency   _____
10 depend   _____
11 robbery   _____
12 background   _____

avoid 피하다
[əvɔ́id]

어(v)보이드 → 어, 보인다! : "어, 적에게 보인다! 피해(avoid)!"

---

favorite 마음에 드는, 매우 좋아하는
[féivərit]

(f)페이(v)버(r)리트 → 빼입어 리트 : 옷을 잘 빼입은 상대방이 무척 마음에 드는(favorite)

---

desire 바라다; 바람
[dizáiər]

디(z)자이어(r) → 디자이너 : 장래에 디자이너가 될 것을 바라다 (desire)

general 일반적인
[dʒénərəl]

쥐너(r)럴 → 제(재) 너 all : 재와 너 그리고 all(모두) 다 그러한, 즉
일반적인(general) * generally 일반적으로

destroy 파괴하다
[distrɔ́i]

디스트(r)로이 → 디스(this) 트로이 : "this(이) 트로이 목마를 성
안으로 가지고 들어가서 성을 파괴하자(destroy)!"

destruction 파괴
[distrʌ́kʃən]

디스트(r)럭(ʃ)션 → 디스(this) 트럭 션 : this(이) 트럭으로 션하게
(시원하게) 밀어버려서 파괴(desruction)!

다음 만화, 단어, 뜻을 관련 있는 것끼리 선으로 이어보세요.

• desire • 파괴하다

• avoid • 일반적인

• general • 바라다; 바람

• favorite • 파괴

• destroy • 피하다

• destruction • 마음에 드는, 매우 좋아하는

frightful 무서운
[fráitfəl]

후라이하는 팔
frightful

무서운

doubt 의심; 의심하다
[daut]

다우트 → 다 웃다 : 반 친구들이 나를 보며 킥킥대며 다 웃어서 "왜 웃지?" 하며 무슨 꿍꿍이인지 의심하다(doubt)

의심(하다) ?

다 웃다
doubt
ㅋㅋㅋ

ㅋㅋ   ㅋㅋ   ㅋㅋㅋ

among ~의 사이에
[əmʌ́ŋ]

어멍 → 어! 멍~ : 이유도 모른 채 많은 사람들 사이에(among) 둘러싸여 축하를 받자 "어!" 하고 멍~한 표정으로 있는

사람들의 사이에

어! 멍~
among

punish 벌을 주다
[pʌ́niʃ]

퍼니(ʃ)쉬 → 파니 she? : 지하철 안에서 불법으로 물건을 파는 그녀 (she)를 경찰이 붙잡아 벌을 주다(punish)

물건을 **파니?**she(그녀가)
punish
벌주다

handle
[hǽndl]

1. 손잡이
2. 다루다, 처리하다

핸들 → 핸들 : 자동차 핸들을 돌리며 자동차를 다루다(handle)

핸들을 돌려
handle
자동차를 **다루다**

opportunity 기회
[à:pərtú:nəti]

아~퍼(r)튜~너티 → 아파트 넣지 : 싸게 분양 받을 기회 (opportunity)라며 서둘러 아파트 분양 신청서를 넣지

당첨 **기회!**

아파트
분양신청서
넣지
opportunity

분양신청서

다음 만화, 단어, 뜻을 관련 있는 것끼리 선으로 이어보세요.

handle

~의 사이에

opportunity

무서운

among

벌을 주다

frightful

의심; 의심하다

punish

1. 손잡이
2. 다루다, 처리하다

doubt

기회

A 한글 뜻을 보고 옆의 영어 단어 철자를 완성하세요.

1	일반적인	ge___ ___ral
2	피하다	av___ ___d
3	1. 손잡이	
	2. 다루다, 처리하다	h___ ___dle
4	파괴	des___ ___uction
5	바라다; 바람	des___ ___e
6	무서운	fri___ ___tful
7	벌을 주다	p___ ___ish
8	기회	opp___ ___tunity
9	파괴하다	dest___ ___y
10	마음에 드는, 매우 좋아하는	fa___ ___rite
11	~의 사이에	___ ___ong
12	의심; 의심하다	d___ ___bt

B 다음 단어들의 뜻을 적어보세요.

1 destruction _____

2 handle _____

3 opportunity _____

4 among _____

5 general _____

6 punish _____

7 favorite _____

8 destroy _____

9 frightful _____

10 doubt _____

11 avoid _____

12 desire _____

읽어민발음 듣고따라하기

ditch 도랑
[ditʃ]

디취 → 딛지 : 도랑을 건너기 위해 도랑(ditch)에 있는 돌을 디디지 (딛고 건너지).

도랑

돌을 딛지
ditch

arrange 가지런히 배열하다
[əréindʒ]

어(r)레인쥐 → 오렌지 : 과일 가게에 오렌지를 줄을 맞추어 가지런히 배열하다(arrange)

오렌지를
arrange
가지런히 하다

severe 엄격한
[sivíər]

시(v)비어(r) → 12여(12시여) : 밤 12시에 들어오는 딸에게 "지금이 밤 12시여!" 하며 야단치는 엄격한(severe) 아버지
＊severely 엄하게

십이(12)시 여!
severe

엄격한

sink 가라앉다
[siŋk]

싱크_대
sink

물이 **가라앉다**

continent 대륙
[ká:ntinənt]

큰티가 난(t)
continent
대륙

카~ㄴ 티넌트 → 큰 티 난t : 항해 중인 배 위에서 망원경으로
바라보니 저 멀리 큰 티가 나는 대륙(continent)

typical 전형적인, 대표하는
[típikəl]

티(tea), 피클 은 이탈리아를
typical
대표하는, 전형적인 음식

티피컬 → tea(차) 피클 : 차(tea)와 피클은 피자와 함께 이탈리아를
대표하는(typical) 전형적인(typical) 음식

다음 만화, 단어, 뜻을 관련 있는 것끼리 선으로 이어보세요.

typical

sink

ditch

continent

arrange

severe

대륙

전형적인, 대표하는

엄격한

도랑

가라앉다

가지런히 배열하다

range 범위, 구역
[reindʒ]

(r)레인쥐 → 레인(rain : 비) + 지(地 : 땅 지 → 구역) : rain(비)이 오는 地(땅)의 구역(range)을 일기예보에서 알려주다

레인(rain)+지(地:땅)
range

비가오는
구역

_____   _____
- - - - - - - -   - - - - - - - -
_____   _____

_____   _____
- - - - - - - -   - - - - - - - -
_____   _____

evolve 발전하다, 진화하다
[ivάːlv]

이(v)바~ㄹ(v)브 → 2(등) 밟어 : 2등을 밟고 1등으로 발전하다 (evolve)

2(등)밟어서 발전하다
evolve

1등 2등

_____   _____
- - - - - - - -   - - - - - - - -
_____   _____

_____   _____
- - - - - - - -   - - - - - - - -
_____   _____

genius 천재, 천재적 재능
[dʒíːnjəs]

쥐~녀스 → 지녔으 : 천재(genius)적 재능(genius)을 지녔어

천재적 재능을 지녔으
genius

H₃C
CH₃COOH

_____   _____
- - - - - - - -   - - - - - - - -
_____   _____

_____   _____
- - - - - - - -   - - - - - - - -
_____   _____

invade
[invéid]

침략하다,
침입하다

인(v)베이드 → in(~안에) 베이드(베다) : 다른 나라 안에(in)
침입하여(invade) 사람들을 칼로 베다

다른 나라 in(안에)에 **침입하여**
칼로 **베다**
invade

downtown
[dàuntáun]

중심가,
도심지,
상가

downtown
중심가
도심지
상가

맨하튼

다운**타운** / 업**타운** : 예전 미국의 맨해튼 아래(down) 남쪽에 있는
마을(town)은 식당이나 상점이 많은 상업지역(downtown)이었고,
맨해튼 위(up) 북쪽에 있는 마을(town)은 주택이 많은 주택가
(uptown)였던 데서 유래된 말

uptown
[ʌ̀ptáun]

도시의 주택가

맨해튼

uptown
도시의 주택가

다음 만화, 단어, 뜻을 관련 있는 것끼리 선으로 이어보세요.

 • genius • • 도시의 주택가

 • range • • 침략하다,
침입하다

 • invade • • 범위, 구역

 • evolve • • 중심가,
도심지, 상가

 • downtown • • 발전하다,
진화하다

 • uptown • • 천재,
천재적 재능

A 한글 뜻을 보고 옆의 영어 단어 철자를 완성하세요.

1 가라앉다   s___nk
2 도랑   di___ ___h
3 중심가, 도심지, 상가   do___ ___town
4 전형적인, 대표하는   ty___ ___cal
5 엄격한   ___ ___vere
6 범위, 구역   ra___ ___e
7 침략하다, 침입하다   in___ ___de
8 도시의 주택가   ___ ___town
9 대륙   con___ ___nent
10 가지런히 배열하다   arr___ ___ge
11 천재, 천재적 재능   ge___ ___us
12 발전하다, 진화하다   e___ ___lve

B 다음 단어들의 뜻을 적어보세요.

1 typical   _____
2 downtown   _____
3 uptown   _____
4 genius   _____
5 sink   _____
6 invade   _____
7 arrange   _____
8 continent   _____
9 range   _____
10 evolve   _____
11 ditch   _____
12 severe   _____

13~15강 전체 복습

다음 단어들의 뜻을 적어 보세요.

13강

1	robbery	_____	7	emergency	_____
2	district	_____	8	depend	_____
3	background	_____	9	elder	_____
4	particular	_____	10	terrible	_____
5	lend	_____	11	cheek	_____
6	exactly	_____	12	necessary	_____

14강

13	avoid	_____	19	frightful	_____
14	favorite	_____	20	doubt	_____
15	desire	_____	21	among	_____
16	general	_____	22	punish	_____
17	destroy	_____	23	handle	_____
18	destruction	_____	24	opportunity	_____

15강

25	ditch	_____	31	range	_____
26	arrange	_____	32	evolve	_____
27	severe	_____	33	genius	_____
28	sink	_____	34	invade	_____
29	continent	_____	35	downtown	_____
30	typical	_____	36	uptown	_____

13~ 15강 전체 복습 정답

robbery 강도질, 강탈

district 구역, 지역

background 배경

particular 특별한, 특이한

lend 빌려주다

exactly 정확하게

emergency 비상사태

depend 의존하다

elder 손위의, 나이가 더 많은

terrible 끔찍한, 심한

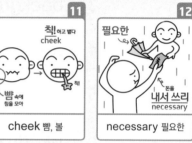

cheek 뺨, 볼

necessary 필요한

avoid 피하다

favorite 마음에 드는, 매우 좋아하는

desire 바라다; 바람

general 일반적인

destroy 파괴하다

destruction 파괴

frightful 무서운

doubt 의심; 의심하다

among ~의 사이에

punish 벌을 주다

handle
1.손잡이 2.다루다, 처리하다

opportunity 기회

ditch 도랑

arrange
가지런히 배열하다

severe 엄격한

sink 가라앉다

continent 대륙

typical
전형적인, 대표하는

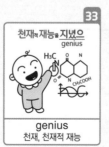

range 범위, 구역

evolve
발전하다, 진화하다

genius
천재, 천재적 재능

invade
침략하다, 침입하다

downtown
중심가, 도심지, 상가

uptown
도시의 주택가

evil 사악한
[íːvəl]

이~(v)벌 → 이 벌 : "이 벌을 받아라! 사악한(evil) 놈아!"

aim 겨누다; 목표
[eim]

에임 → 목표는 애임 : "네가 쏴야 할 목표(aim)는 사과를 얹고 있는 저 애임."

arrow 화살
[ǽrou]

애(r)로우 → 애로 : 윌리엄 텔에게 목표를 애로 하고 화살(arrow)을 쏘라고 하다

public 대중; 일반인의
[pʌ́blik]

대중이 **뽑을리**
public

대통령 선거

hire 고용하다
[háiər]

우리 회사에서
일을 **하여**
hire

고용하다

하이어(r) → 하여 : "우리 회사에서 일을 하여!" 하며 고용하다(hire)

trap 덫, 함정
[træp]

트(r)랩 → 틀에 : 동물이 건드리면 닫히는 틀에 먹이를 뿌려놓은 덫 (trap)

틀에 먹이를 놓은 **덫**
trap

다음 만화, 단어, 뜻을 관련 있는 것끼리 선으로 이어보세요.

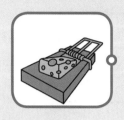 • arrow • 겨누다; 목표

 • aim • 대중; 일반인의

 • hire • 사악한

 • evil • 화살

 • public • 덫, 함정

 • trap • 고용하다

scent 향기, 냄새
[sent]

센트 → 샌 듯 : 방귀가 밖으로 샌 듯 냄새(scent)가 나는

textbook 교과서
[tékstbuk]

텍스트북 → 텍스트(테스트) + book(책) : 테스트(시험) 문제가
출제되는 book(책)인 교과서(textbook)

jealous 질투심 많은, 시기하는
[dʒéləs]

쥐러스 → 잘났으 : "잘났어, 정말!" 하며 질투하는(jealous)

adult 성인
[ǽdʌlt]

애덜트 → 애덜 투! : 애덜(애들)은 가! 하며 투! 하고 침까지 뱉으며 성인(adult)들만 오라는 약장수

---

content 내용물
[kάːntent]

카~ㄴ텐트 → 큰 텐트 : 산속 큰 텐트 안에 내용물(content)이 뭐가 들어있는지 궁금해하다

---

content 만족한
[kəntént]

컨텐트 → 큰 텐트 : 큰 텐트에서 자니 넓어서 만족해하는(content)

다음 만화, 단어, 뜻을 관련 있는 것끼리 선으로 이어보세요.

 • textbook • • 만족한

 • adult • • 내용물

 • scent • • 교과서

 • jealous • • 성인

 • content • • 향기, 냄새

 • content • • 질투심 많은, 시기하는

A 한글 뜻을 보고 옆의 영어 단어 철자를 완성하세요.

1	대중; 일반인의	pu___ ___ic
2	사악한	___vil
3	내용물	c___ ___tent
4	덫, 함정	tr___ ___
5	화살	ar___ ___w
6	향기, 냄새	s___ ___nt
7	성인	ad___ ___t
8	겨누다; 목표	___ ___m
9	고용하다	hi___ ___
10	교과서	te___ ___book
11	질투심 많은, 시기하는	j___ ___lous
12	만족한	con___ ___nt

B 다음 단어들의 뜻을 적어보세요.

1 trap _____

2 content _____

3 textbook _____

4 jealous _____

5 public _____

6 adult _____

7 aim _____

8 hire _____

9 scent _____

10 arrow _____

11 evil _____

12 content _____

volunteer 자원봉사자
[vὰ:ləntíər]

(v)바~ㄹ런티어(r) → 발로 튀어 : 자진하여 (제) 발로 튀어나오는 자원봉사자(volunteer)

grief (큰) 슬픔
[gri:f]

그(r)리~(f)프 → 그리워 푸우~ : 고향에 계신 부모님이 그리워서 푸우~ 한숨을 쉬며 슬픔(grief)에 잠기다

row 열, 줄
[rou]

(r)로우 → low(낮은) : 키가 낮은(low) 사람부터 차례로 열(row)을 맞춰 서있다

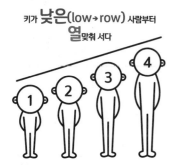

slight 약간의, 경미한
[slait]

슬라이트 → 슬(술) light(가벼운) : "술 가볍게 약간만(slight) 했어." * slightly 약간, 가볍게

술 light(가벼운)하게
slight
약간만 했어

flat 평평한, 납작한
[flæt]

(f)플랫 → 풀래 : 재활용 쓰레기를 모으기 위해 종이 상자를 납작한 (flat) 모양으로 눌러서 풀래

납작한 모양으로 풀래
flat

swear 맹세하다
[sweər]

스웨어(r) → 숫자를 외워 : "하나, 우리는 ~하겠습니다. 둘, 우리는 ~할 것을 맹세하겠습니다." 하며 선서할 때 숫자를 외워서 맹세하다 (swear)

하나, ~~~하겠습니다.
둘, ~~~하겠습니다.
셋, ~~~하겠습니다.
수 외워
swear

맹세하다

다음 만화, 단어, 뜻을 관련 있는 것끼리 선으로 이어보세요.

swear

열, 줄

flat

(큰) 슬픔

grief

평평한, 납작한

slight

자원봉사자

volunteer

약간의, 경미한

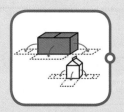

row

맹세하다

persuade 설득하다
[pərswéid]

퍼(r)스**웨**이드 → 버스 웨이(way: 길)다 : "이 길은 버스 전용차로인 **bus way**다." 라며 자가용 운전자에게 다니지 말라고 경찰이 설득하다(persuade)

belong ~에 속하다
[bilɔ́ːŋ]

빌로~ㅇ → 비(B) long(긴) : B조 푯말 앞에 길게(long) 줄지어 서 있는 사람들은 B조에 속한다(belong)

divide 나누다, 쪼개다
[diváid]

디(v)**바**이드 → 뒤 바위도 : 홍길동이 무술 연습으로 뒷산 바위도 쪼개서(divide) 두 개로 나누다(divide)

feature
[fíːtʃər]

얼굴의 생김새, 용모

(f)피~춰(r) → 삐쳐 : 삐쳐있는 얼굴 모습(feature)

삐쳐있는 **얼굴 생김새**
feature

---

port
[pɔːrt]

항구

포~(r)트 → 뽀트 : 뽀트(boat: 작은 배)가 정박해 있는 항구(port)

항구

뽀트
port

---

concerned
[kənsə́ːrnd]

걱정스러운, 염려하는

컨서~(r)언드 → 큰 손(son: 아들)도 : 군대 간 큰 아들(son)도 걱정하는(concerned) 어머니

큰 son(아들)도
concerned
걱정하는

다음 만화, 단어, 뜻을 관련 있는 것끼리 선으로 이어보세요.

concerned

항구

feature

걱정스러운, 염려하는

persuade

나누다, 쪼개다

port

설득하다

belong

얼굴의 생김새, 용모

divide

~에 속하다

A 한글 뜻을 보고 옆의 영어 단어 철자를 완성하세요.

1	약간의, 경미한	sl___ ___ht
2	자원봉사자	vol___ ___teer
3	항구	___ort
4	맹세하다	sw___ ___r
5	열, 줄	r___ ___
6	설득하다	per___ ___ade
7	얼굴의 생김새, 용모	f___ ___ture
8	걱정스러운, 염려하는	conc___ ___ned
9	평평한, 납작한	fl___t
10	(큰) 슬픔	gr___ ___f
11	나누다, 쪼개다	di___ ___de
12	~에 속하다	___ ___long

B 다음 단어들의 뜻을 적어보세요.

1	swear	_____
2	port	_____
3	concerned	_____
4	divide	_____
5	slight	_____
6	feature	_____
7	grief	_____
8	flat	_____
9	persuade	_____
10	belong	_____
11	volunteer	_____
12	row	_____

divorce   이혼
[divɔ́:rs]

> 디(v)보~(r)스 → 뒤 볼 수 (없어) : 이혼(divorce)하여 헤어지면서 차마 뒤를 볼 수 없어하다

tap   가볍게 두드리다
[tæp]

> 탭 : 탭댄스(tap dance)는 밑창에 쇠붙이를 붙인 구두를 신고 바닥을 두드리며(tap) 추는 춤

fit   (치수 · 타입 등이) 들어맞다
[fit]

> (f)핏 → 핏(자국) : 방에 남겨진 핏자국에서 나온 혈액형과 용의자의 혈액형이 딱 들어맞다(fit)

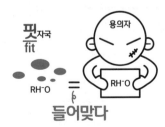

ashamed
[əʃéimd]
창피한, 부끄러운

어(ʃ)쉐임드 → 어, 새임(선생님)도 : 선생님의 핀잔에 "어, 새임도 참, 친구들에게 창피하게(ashamed)."

어, 새임(선생님)도 참..
ashamed
창피하게
2 x 3 = 7

oppose
[əpóuz]
반대하다

어포우(z)즈 → 엎어 주 : "그 법안에 반대하니(oppose) 엎어 주세요."

그 법안 반대한다!
엎어주라
oppose
NO NO NO

opponent
[əpóunənt]
(경기 · 대회 등의)
상대, 반대자

어포우넌트 → 엎어놓은 트 : 격투기 경기에서 상대(opponent)를 엎어놓고 패다

상대를 엎어놓은 후 패다
opponent

다음 만화, 단어, 뜻을 관련 있는 것끼리 선으로 이어보세요.

 • **oppose** • (치수 · 타입 등이) 들어맞다

 • **opponent** • 이혼

 • **fit** • 창피한, 부끄러운

 • **divorce** • 가볍게 두드리다

 • **ashamed** • 반대하다

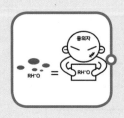 • **tap** • (경기 · 대회 등의) 상대, 반대자

wipe   닦다
[waip]

와이프 → 와이프(wife: 부인) : 와이프가 방을 열심히 닦다(wipe)

grocery   식료품류,
[gróusəri]   식품점

그(r)로우쌔(r)리 → 구로 쌀이 : 서울의 구로에서 재배한 쌀이
식료품점(grocery)에서 팔리다

task   일, 임무
[tæsk]

태스크 → 데스크(desk: 책상) : 책상(desk)에 앉아 일(task)을 하다

slope 경사면, 비탈
[sloup]

슬로우프 → 슬로우(slow: 느린) 프~ : 경사가 심한 비탈(slope)
에서 겁이 나서 자전거를 느린(slow) 속도로 한숨을 푸~ 쉬며
내려오는 모습

slow(느린)!
slope

푸~!

경사면,
비탈

pot 병, 통, 단지
[pɑːt, pɔt]

1. 포트 : 커피포트(coffee pot)는 커피를 담는 통(pot)
2. 파~트 → 팥 : 팥죽이 담긴 단지(pot)

커피포트 : 커피를 담는 통, 병
pot

outline 윤곽
[áutlain]

아웃라인 → out(밖에) + line(선) : 밖으로 드러나는 선, 윤곽
(outline)

out(밖에) + line(선)
outline 윤곽

다음 만화, 단어, 뜻을 관련 있는 것끼리 선으로 이어보세요.

task · · 윤곽

wipe · · 경사면, 비탈

slope · · 닦다

grocery · · 병, 통, 단지

pot · · 식료품류, 식품점

outline · · 일, 임무

A 한글 뜻을 보고 옆의 영어 단어 철자를 완성하세요.

1	창피한, 부끄러운	as___ ___med
2	이혼	di___ ___rce
3	병, 통, 단지	p___t
4	(경기 · 대회 등의) 상대, 반대자	___ ___ponent
5	(치수 · 타입 등이) 들어맞다	f___ ___
6	닦다	___ ___pe
7	경사면, 비탈	sl___ ___e
8	윤곽	out___ ___ne
9	반대하다	op___ ___se
10	가볍게 두드리다	t___p
11	일, 임무	ta___ ___
12	식료품류, 식품점	gro___ ___ry

B 다음 단어들의 뜻을 적어보세요.

1 opponent _____
2 pot _____
3 outline _____
4 task _____
5 ashamed _____
6 slope _____
7 tap _____
8 oppose _____
9 wipe _____
10 grocery _____
11 divorce _____
12 fit _____

다음 단어들의 뜻을 적어 보세요.

16강

1	evil	7	scent
2	aim	8	textbook
3	arrow	9	jealous
4	public	10	adult
5	hire	11	content
6	trap	12	content

17강

13	volunteer	19	persuade
14	grief	20	belong
15	row	21	divide
16	slight	22	feature
17	flat	23	port
18	swear	24	concerned

18강

25	divorce	31	wipe
26	tap	32	grocery
27	fit	33	task
28	ashamed	34	slope
29	oppose	35	pot
30	opponent	36	outline

1
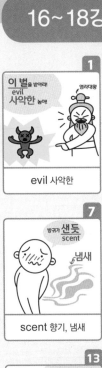
evil 사악한

2

aim 겨누다; 목표

3

arrow 화살

4

public 대중; 일반인의

5

hire 고용하다

6
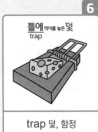
trap 덫, 함정

7

scent 향기, 냄새

8

textbook 교과서

9

jealous 질투심 많은, 시기하는

10

adult 성인

11

content 내용물

12

content 만족한

13

volunteer 자원봉사자

14

grief (큰) 슬픔

15

row 열, 줄

16

slight 약간의, 경미한

17

flat 평평한, 납작한

18
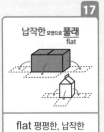
swear 맹세하다

19

persuade 설득하다

20

belong ~에 속하다

21

divide 나누다, 쪼개다

22

feature 얼굴의 생김새, 용모

23

port 항구

24

concerned 걱정스러운, 염려하는

25

divorce 이혼

26

tap 가볍게 두드리다

27

fit (치수·타입 등이) 들어맞다

28

ashamed 창피한, 부끄러운

29

oppose 반대하다

30

opponent (경기·대회 등의) 상대, 반대자

31

wipe 닦다

32

grocery 식료품류, 식품점

33

task 일, 임무

34

slope 경사면, 비탈

35

pot 병, 통, 단지

36

outline 윤곽

1~6강 다시 복습

1강

1 judge _____
2 peak _____
3 hook _____
4 dig _____
5 tomb _____
6 soil _____
7 separate _____
8 grammar _____
9 bud _____
10 fairy _____
11 chase _____
12 bruise _____

2강

1 jail _____
2 loosen _____
3 direction _____
4 ax _____
5 string _____
6 slip _____
7 lunar _____
8 beverage _____
9 calm _____
10 earn _____
11 chimney _____
12 palm _____

3강

1 eager _____
2 equal _____
3 wrinkle _____
4 tickle _____
5 unique _____
6 aware _____
7 cottage _____
8 male _____
9 female _____
10 tune _____
11 examination _____
12 amount _____

4강

1 freezing _____
2 flame _____
3 injure _____
4 global _____
5 add _____
6 effort _____
7 approach _____
8 mean _____
9 fellow _____
10 seek _____
11 thermometer _____
12 knowledge _____

5강

1 bomb _____
2 hut _____
3 pork _____
4 join _____
5 insect _____
6 clap _____
7 fuel _____
8 recognize _____
9 spread _____
10 sled _____
11 trend _____
12 sour _____

6강

1 deaf _____
2 construct _____
3 appear _____
4 disease _____
5 nickname _____
6 recommend _____
7 pregnant _____
8 medical _____
9 medicine _____
10 anniversary _____
11 harvest _____
12 sprain _____

7~12강 다시 복습

7강

1 chill _____
2 limit _____
3 tradition _____
4 baggage _____
5 indoor _____
6 outdoor _____
7 proper _____
8 glue _____
9 fan _____
10 pardon _____
11 increase _____
12 job _____

8강

1 ignore _____
2 mild _____
3 discover _____
4 deceive _____
5 change _____
6 actually _____
7 source _____
8 achieve _____
9 mostly _____
10 value _____
11 lie _____
12 lie _____

9강

1 dot _____
2 view _____
3 election _____
4 major _____
5 minor _____
6 majority _____
7 contain _____
8 liberty _____
9 feed _____
10 vote _____
11 lift _____
12 charge _____

10강

1 coward _____
2 purchase _____
3 patient _____
4 crop _____
5 regulation _____
6 physical _____
7 vehicle _____
8 agriculture _____
9 aid _____
10 attach _____
11 tear _____
12 university _____

11강

1 copper _____
2 beast _____
3 complain _____
4 huge _____
5 graduation _____
6 metal _____
7 industry _____
8 exit _____
9 search _____
10 temperature _____
11 joy _____
12 sunset _____

12강

1 devil _____
2 accept _____
3 bottom _____
4 suppose _____
5 few _____
6 allow _____
7 pity _____
8 bless _____
9 education _____
10 region _____
11 jellyfish _____
12 starfish _____

13강

1 robbery _____
2 district _____
3 background _____
4 particular _____
5 lend _____
6 exactly _____
7 emergency _____
8 depend _____
9 elder _____
10 terrible _____
11 cheek _____
12 necessary _____

14강

1 avoid _____
2 favorite _____
3 desire _____
4 general _____
5 destroy _____
6 destruction _____
7 frightful _____
8 doubt _____
9 among _____
10 punish _____
11 handle _____
12 opportunity _____

15강

1 ditch _____
2 arrange _____
3 severe _____
4 sink _____
5 continent _____
6 typical _____
7 range _____
8 evolve _____
9 genius _____
10 invade _____
11 downtown _____
12 uptown _____

16강

1 evil _____
2 aim _____
3 arrow _____
4 public _____
5 hire _____
6 trap _____
7 scent _____
8 textbook _____
9 jealous _____
10 adult _____
11 content _____
12 content _____

17강

1 volunteer _____
2 grief _____
3 row _____
4 slight _____
5 flat _____
6 swear _____
7 persuade _____
8 belong _____
9 divide _____
10 feature _____
11 port _____
12 concerned _____

18강

1 divorce _____
2 tap _____
3 fit _____
4 ashamed _____
5 oppose _____
6 opponent _____
7 wipe _____
8 grocery _____
9 task _____
10 slope _____
11 pot _____
12 outline _____

tidy 단정한, 깔끔한
[táidi]

타이디 → (넥)타이 뒤 : 양복에 (넥)타이로 뒷마무리를 해서 깔끔한 (tidy)

route 길, 노선
[ru:t]

(r)루~트 → (요구)르트 : 요구르트 배달원이 동네의 배달 노선 (route)을 따라 이동하다

narration 이야기, 서술
[næréiʃən]

내(r)레이(ʃ)션 → 내래이 시원(하게) : 북한 사람이 "내래이 시원하게 다 이야기(narration) 해 보갔소."

footprint 발자국
[fútprint]

foot(발) + print(인쇄,자국)
footprint 발자국

(f)풋프(r)린트 → foot(발) + print(인쇄, 자국) : 발자국 (footprint)

conflict 싸움, 대립;
[통 kənflíkt 명 kánflikt] 싸우다

끈풀리트
conflict
싸우다; 싸움

컨(f)플릭트 → 끈 풀릭트(풀렸다) : 두 마리의 투견이 묶어 놓은 끈이 풀리자마자 싸우다(conflict)

offer 1. 제공하다
[ɔ́:fər] 2. 제안하다; 제안

옷 싸게 퍼줄테니
offer
(=제공하다)사세요!
제안하다

오~(f)퍼(r) → 옷 퍼 : 시장에서 옷을 헐값에 퍼줄 테니(제공할 테니 (offer)) 사라고 제안하다(offer)

다음 만화, 단어, 뜻을 관련 있는 것끼리 선으로 이어보세요.

route — 이야기, 서술

footprint — 길, 노선

tidy — 싸움, 대립; 싸우다

narration — 단정한, 깔끔한

offer — 발자국

conflict — 1. 제공하다 2. 제안하다; 제안

acid   신, 신맛의
[ǽsid]

애시드 → 애(고) 시드(시다) : 레몬이 애고 시다(acid)

애고 시다
acid

신맛의 과일

false   그릇된, 틀린
[fɔːls]

(f)포~ㄹ스 → 벌스(다) : 시험문제를 틀리고(false), 그릇된(false)
행동까지 해서 손들고 벌스다(벌서다)

시험문제를 틀렸고
그릇된 행동까지 했어!

벌스다
false

fat   살찐
[fæt]

(f)팻 → 뺏 : 살찐(fat) 사람에게 "살을 좀 빼!" 라고 하다

살찐   살 좀 뺏
fat

combination

[kà:mbinéiʃən]

결합, 조합

카~ㅁ비**네**이(ʃ)션 → 큰 비 내리션 : 저기압과 고기압이 결합 (combination)하면 큰 비를 내리셔

solution

[səlú:ʃən]

해결, 해답

설**루**~(ʃ)션 → 솔 누션(넣으셔) : 생선을 구울 때 솔잎을 넣어서 비린내를 해결(solution)

holy

[hóuli]

신성한, 성스러운

호울리 → 홀리다 : 성스러운(holy) 성당에서 신에게 홀리다

다음 만화, 단어, 뜻을 관련 있는 것끼리 선으로 이어보세요.

fat

신성한, 성스러운

false

해결, 해답

solution

그릇된, 틀린

acid

결합, 조합

combination

신, 신맛의

holy

살찐

A 한글 뜻을 보고 옆의 영어 단어 철자를 완성하세요.

1	발자국	fo___ ___print
2	단정한, 깔끔한	t___ ___y
3	해결, 해답	s___ ___ution
4	1. 제공하다	
	2. 제안하다; 제안	of___ ___r
5	이야기, 서술	n___ ___ration
6	신, 신맛의	___ ___id
7	결합, 조합	com___ ___ nation
8	신성한, 성스러운	h___ly
9	싸움, 대립; 싸우다	con___ ___ict
10	길, 노선	r___ ___te
11	살찐	f___t
12	그릇된, 틀린	fa___ ___e

B 다음 단어들의 뜻을 적어보세요.

1	offer	_____
2	solution	_____
3	holy	_____
4	fat	_____
5	footprint	_____
6	combination	_____
7	route	_____
8	conflict	_____
9	acid	_____
10	false	_____
11	tidy	_____
12	narration	_____

edge 모서리, 끝
[edʒ]

> 에쥐 → 애(가) 찌(이다) : 애가 식탁이나 책상 모서리(edge)에 찌이다

애가 모서리에
찌이다
edge

식탁

pray 빌다, 기원하다
[prei]

> 프(r)레이 → 플레이 : "플레이~ 플레이~ 코리아!" 하며 한국 선수들이 이기기를 기원하다(pray)

플레이~ 플레이~ 코리아!
pray

기원하다

overcome 극복하다
[òùvərkʌ́m]

> 오우(v)버(r)컴 → over(~ 위에, ~ 넘어서) + come(오다) : ~ 위를 넘어서 오다, 즉 어려운 고비를 넘어서 극복하다(overcome)

over(~넘어서)+come(오다)
overcome 극복하다

고비

devote 헌신하다
[divóut]

디(v)보우트 → 뒤 보트 : 표류하는 보트에서 사람들을 구하기 위해 뒤에서 보트를 밀어주며 헌신하다(devote)

---

settle
[sétl]
1. 정착하다
2. 해결하다

세틀 → 새 틀 : 새로운 집(틀) 속에 정착하다(settle). 그래서 주거문제를 해결하다(settle)

---

block
[blɔk, blɑ:k]
1. 막다, 봉쇄하다
2. 건물 한 덩어리
   (한 구획, 블록)

1. 블로크 → 블로킹(blocking) : 배구에서 블로킹이란 공격을 봉쇄하는(block) 수비 기술
2. 블로~크 → 블록 : 아이들이 끼우거나 쌓으며 가지고 노는 블록은 네모난 한 덩어리(block)

다음 만화, 단어, 뜻을 관련 있는 것끼리 선으로 이어보세요.

block

빌다, 기원하다

settle

헌신하다

pray

모서리, 끝

devote

극복하다

edge

1. 막다, 봉쇄하다
2. 건물 한 덩어리
   (한 구획, 블록)

overcome

1. 정착하다
2. 해결하다

bravery 용기
[bréivəri]

불에 자신을 버리는 용기
bravery

브(r)레이(v)버(r)리 → 불에 버리 : 사람들을 구하러 자신의 몸을 불 속에 던져 버리는 소방관 아저씨의 용기(bravery)
*brave 용감한

extent 범위, 넓이
[ikstént]

범위

5m 10m

ex(out:밖으로)+텐(10)m
extent

익스텐트 → ex('밖으로'라는 뜻의 접두어) + ten(10) + t : 밖으로 (ex) 10(ten)미터 내에 있는 범위(extent)

instruct 가르치다, 교육하다
[instrʌ́kt]

트럭 in(안에)서 운전을
instruct
가르치다, 교육하다

인스트(r)럭트 → in(안에서)s 트럭트 : 트럭 안에서(in) 자동차 운전을 교육하다(instruct)

neat   산뜻한, 깔끔한
[niːt]

니~트 → 니트 : 니트를 입은 산뜻하고(neat) 깔끔한(neat) 모습

산뜻한, 깔끔한

니트
neat

dull   따분한, 재미없는
[dʌl]

덜 → 덜 : 덜 재미있는, 재미가 덜한(dull)

따분한, 재미없는

재미가
덜 하네..
dull

apart   따로, 떨어져서
[əpάːrt]

어파~(r)트 → a(하나의) + part(파트, 부분) : 하나의 부분씩 따로, 떨어져서(apart)

한(a) 파트씩
apart
따로, 떨어져서

다음 만화, 단어, 뜻을 관련 있는 것끼리 선으로 이어보세요.

extent

따로, 떨어져서

neat

따분한, 재미없는

bravery

범위, 넓이

instruct

산뜻한, 깔끔한

apart

용기

dull

가르치다, 교육하다

A 한글 뜻을 보고 옆의 영어 단어 철자를 완성하세요.

1	헌신하다	de___ ___te
2	모서리, 끝	ed___ ___
3	따분한, 재미없는	d___ll
4	1. 막다, 봉쇄하다	
	2. 건물 한 덩어리(한 구획, 블록)	bl___ ___k
5	극복하다	over___ ___me
6	용기	bra___ ___ry
7	산뜻한, 깔끔한	n___ ___t
8	따로, 떨어져서	a___ ___rt
9	1. 정착하다 2. 해결하다	se___ ___le
10	빌다, 기원하다	___ ___ay
11	가르치다, 교육하다	in___ ___ruct
12	범위, 넓이	ext___ ___t

B 다음 단어들의 뜻을 적어보세요.

1 block _____

2 dull _____

3 apart _____

4 instruct _____

5 devote _____

6 neat _____

7 pray _____

8 settle _____

9 bravery _____

10 extent _____

11 edge _____

12 overcome _____

fasten
[fǽsn]
묶다,
(안전띠 등을) **채우다**

> **(f)패슨** → 뺏은 : 남의 물건을 뺏은 사람을 포졸이 포승줄로 묶다
> (fasten)

satellite
[sǽtəlait]
위성,
인공위성

> **새털라이트** → 새털 라이트(light: 가벼운) : 새털처럼 가볍게(light)
> 하늘에 떠 있는 인공위성(satellite)

detail
[ditéil]
세부사항; **상세히**
설명하다

> **디테일** → 뒤 tail(꼬리) : 동물에 대해 뒤의 꼬리(tail) 부분의
> 세부사항(detail)까지 상세히 설명하다(detail)

166　경선식 영단어

clue 실마리, 단서
[klu:]

클루~ → 끌루(끄르다) : 복잡하게 얽힌 것을 끄르게 해주는 실마리 (clue)

실마리

복잡한 것을 **끌루**는
clue

pour 따르다, 붓다
[pɔːr]

포~어(r) → 퍼어 : 물이나 술을 바가지로 퍼 컵에 붓다(pour)

퍼 붓다
pour

measure 측정하다
[méʒər]

메줘(r) → 매 줘 : "줄자로 허리를 매 줘." 하며 의상실에서 줄자로 허리 치수를 측정하다(measure)

줄자로 **매 줘**
measure

측정하다

다음 만화, 단어, 뜻을 관련 있는 것끼리 선으로 이어보세요.

detail

위성, 인공위성

satellite

실마리, 단서

pour

묶다,
(안전띠 등을) 채우다

fasten

세부사항;
상세히 설명하다

clue

측정하다

measure

따르다, 붓다

wander
[wάːndər]

헤매다,
떠돌아 다니다

완도를 헤매다
wander 떠돌아 다니다

와~ㄴ더(r) → 완도 : 전라남도 완도에서 길을 잃어 헤매다
(wander)

spoil
[spɔil]

망치다

숲에 오일을 부어 망치다
spoil

스포일 → 숲 오일(oil: 기름) : 숲에다가 산업 쓰레기인 오일(기름)을
부어서 숲을 망치다(spoil)

negative
[négətiv]

부정적인

내가 TV에 나와?
negative
난 못생겨서 안돼 T

네거티(v)브 → 내가 TV : "내가 TV에 나와? 흥, 어림없지!" 라고
자신은 못생겨서 TV에 나올 수 없다며 부정적인(negative)

부정적인

evidence 증거

[évidəns]

에(v)비던스 → 애비가 돈쓴 : 시어머니가 며느리에게 "애비가 돈 쓴 증거(evidence)를 잡았다" 하며 신용카드 영수증을 건네다

journey 여행

[dʒɜ́ːrni]

줘~(r)니 → 저어! 니가 : 배를 타고 여행(journey)하면서 "노를 저어! 니가."라고 말하다

annoy 괴롭히다, 성가시게 굴다

[ənɔ́i]

어노이 → 어, 노이! : 스토커가 팔목을 잡고 괴롭히며(annoy) 따라오자 "어, 이거 노이(놓으세요)!"

다음 만화, 단어, 뜻을 관련 있는 것끼리 선으로 이어보세요.

annoy

부정적인

journey

망치다

spoil

여행

evidence

헤매다,
떠돌아 다니다

wander

증거

negative

괴롭히다,
성가시게 굴다

A 한글 뜻을 보고 옆의 영어 단어 철자를 완성하세요.

1 실마리, 단서   cl＿＿ ＿＿

2 묶다, (안전띠 등을) 채우다   fa＿＿ ＿＿en

3 여행   j＿＿ ＿＿rney

4 측정하다   me＿＿ ＿＿ure

5 세부 사항; 상세히 설명하다   det＿＿ ＿＿l

6 헤매다, 떠돌아 다니다   w＿＿ ＿＿der

7 증거   evi＿＿ ＿＿nce

8 괴롭히다, 성가시게 굴다   an＿＿ ＿＿y

9 따르다, 붓다   ＿＿ ＿＿ur

10 위성, 인공위성   satel＿＿ ＿＿te

11 부정적인   nega＿＿ ＿＿ve

12 망치다   ＿＿ ＿＿oil

B 다음 단어들의 뜻을 적어보세요.

1 measure   ＿＿＿＿＿＿＿＿＿＿＿＿

2 journey   ＿＿＿＿＿＿＿＿＿＿＿＿

3 annoy   ＿＿＿＿＿＿＿＿＿＿＿＿

4 negative   ＿＿＿＿＿＿＿＿＿＿＿＿

5 clue   ＿＿＿＿＿＿＿＿＿＿＿＿

6 evidence   ＿＿＿＿＿＿＿＿＿＿＿＿

7 satellite   ＿＿＿＿＿＿＿＿＿＿＿＿

8 pour   ＿＿＿＿＿＿＿＿＿＿＿＿

9 wander   ＿＿＿＿＿＿＿＿＿＿＿＿

10 spoil   ＿＿＿＿＿＿＿＿＿＿＿＿

11 fasten   ＿＿＿＿＿＿＿＿＿＿＿＿

12 detail   ＿＿＿＿＿＿＿＿＿＿＿＿

다음 단어들의 뜻을 적어 보세요.

19강

1 tidy _____
2 route _____
3 narration _____
4 footprint _____
5 conflict _____
6 offer _____

7 acid _____
8 false _____
9 fat _____
10 combination _____
11 solution _____
12 holy _____

20강

13 edge _____
14 pray _____
15 overcome _____
16 devote _____
17 settle _____
18 block _____

19 bravery _____
20 extent _____
21 instruct _____
22 neat _____
23 dull _____
24 apart _____

21강

25 fasten _____
26 satellite _____
27 detail _____
28 clue _____
29 pour _____
30 measure _____

31 wander _____
32 spoil _____
33 negative _____
34 evidence _____
35 journey _____
36 annoy _____

19~21강 전체 복습 정답

1 tidy 단정한, 깔끔한

2 route 길, 노선

3 narration 이야기, 서술

4 footprint 발자국

5 conflict 싸움, 대립; 싸우다

6 offer 1. 제공하다 2. 제안하다; 제안

7 acid 신, 신맛의

8 false 그릇된, 틀린

9 fat 살찐

10 combination 결합, 조합

11 solution 해결, 해답

12 holy 신성한, 성스러운

13 edge 모서리, 끝

14 pray 빌다, 기원하다

15 overcome 극복하다

16 devote 헌신하다

17 settle 1. 정착하다 2. 해결하다

18 block 1.막다, 봉쇄하다 2.건물 한 덩어리(한 구획, 블록)

19 bravery 용기

20 extent 범위, 넓이

21 instruct 가르치다, 교육하다

22 neat 산뜻한, 깔끔한

23 dull 따분한, 재미없는

24 apart 따로, 떨어져서

25 fasten 묶다, (안전띠 등을) 채우다

26 satellite 위성, 인공위성

27 detail 세부사항; 상세히 설명하다

28 clue 실마리, 단서

29 pour 따르다, 붓다

30 measure 측정하다

31 wander 헤매다, 떠돌아 다니다

32 spoil 망치다

33 negative 부정적인

34 evidence 증거

35 journey 여행

36 annoy 괴롭히다, 성가시게 굴다

원어민발음 듣고따라하기

sigh
[sai]
한숨 쉬다; 한숨

> 싸이 → 쌓이 : 근심이 쌓이어서(쌓여서) 한숨을 쉬다(sigh)

한숨 (쉬다)

설거지가 **쌓이**어서..
sigh

pulse
[pʌls]
맥박, 진동

> 펄스 → 팔 슥 : 팔을 슥− 걷고 맥박(pulse)을 재는 한의사

맥박을 재다

팔 슥−
pulse

scream
[skri:m]
소리치다,
비명을 지르다

> 스크(r)리~ㅁ → 스크림 : 극장의 스크린(screen: 화면)에 등장한 귀신 모습에 관객들이 비명을 지르다(scream)

극장 **스크린**
scream

비명을 지르다
까악 !!!!

locate
[lóukeit]

~에 위치시키다,
위치를 찾아내다

로우케이트 → 로케트 : 로켓포를 북한이 휴전선 근처까지
위치시키다(locate) *location 장소, 위치

로케트포
locate

위치시키다

휴전선

defense
[diféns]

방어, 수비

디(f)펜스 → 뒤 펜스(fence: 펜스, 담장) : 담장(fence) 뒤에
숨어서 적을 방어(defense)하는 모습 *defend 방어하다,
수비하다

펜스(fence)뒤
defense

방어

conduct
[kəndʌ́kt]

1. 행동하다
2. 지도하다

컨덕트 → 큰 덕t : 선생님이 큰 덕이 있는 행동을 하여(conduct)
큰 덕으로서 학생들을 지도하다(conduct)

등록금은
선생님이 내줄게

큰 덕이 있는 **행동하다**
conduct **지도하다**

다음 만화, 단어, 뜻을 관련 있는 것끼리 선으로 이어보세요.

defense

1. 행동하다
2. 지도하다

conduct

~에 위치시키다,
위치를 찾아내다

scream

한숨 쉬다; 한숨

sigh

방어, 수비

locate

맥박, 진동

pulse

소리치다,
비명을 지르다

peninsula 반도
[pənínsjələ]

퍼닌설러 → 피난 살러(살려고) : 중국 내륙의 조선족들이 가난을
피해 피난 살러 한반도(peninsula)로 오다

피난온다 **살러**
peninsula

한**반도**

---

endure 견디다, 참다
[indjúər]

인듀어(r) → 인두여! : 일제시대 독립군에게 "이번에는 인두여! 한
번 견뎌봐!"하고 고문하자 독립군이 견디다(endure)

견디다

이번엔 **인두여!**
endure

---

scene 장면
[si:n]

씨~ㄴ : 영화에서 키스씬(kiss scene)은 키스 장면(scene)

키스**씬 (장면)**
scene

---

violence 폭력, 폭행
[váiələns]

(v)바이얼런스 → 바위 all 넣었어 : 학생들이 모두(all) 바윗돌을 경찰서 안에 던져 넣으며 폭력(violence)을 행사하다

바위 all(모두) 넣었어
violence

폭력

Buddhist 불교도, 불교신자
[búːdist]

부~디스트 → 부디 스트 : "부디 ~하게 해주세요." 하고 부처님께 비는 불교도(Buddhist)

부디~해주세요
Buddhist

불교도

---

eraser 지우개
[iréisər]

이(r)레이서(r) → 이 레이저(레이저) : 피부과에서 이 레이저로 얼굴에 난 점을 지우개(eraser)처럼 없애다

이 레이저
eraser

점을
지우개처럼
없애다

다음 만화, 단어, 뜻을 관련 있는 것끼리 선으로 이어보세요.

eraser

violence

peninsula

Buddhist

endure

scene

장면

반도

폭력, 폭행

견디다, 참다

불교도, 불교신자

지우개

A 한글 뜻을 보고 옆의 영어 단어 철자를 완성하세요.

1 ~에 위치시키다,
  위치를 찾아내다   l___ ___ate

2 한숨 쉬다; 한숨   si___ ___

3 불교도, 불교신자   Bud___ ___ist

4 1. 행동하다 2. 지도하다   co___ ___uct

5 소리치다, 비명을 지르다   sc___ ___am

6 반도   pen___ ___sula

7 폭력, 폭행   vio___ ___nce

8 지우개   era___ ___r

9 방어, 수비   d___ ___ense

10 맥박, 진동   ___ ___lse

11 장면   sc___ ___e

12 견디다, 참다   e___ ___ure

B 다음 단어들의 뜻을 적어보세요.

1 conduct   _____

2 Buddhist   _____

3 eraser   _____

4 scene   _____

5 locate   _____

6 violence   _____

7 pulse   _____

8 defense   _____

9 peninsula   _____

10 endure   _____

11 sigh   _____

12 scream   _____

decorate 장식하다
[dékəreit]

데커(r)레이트 → 대(大) 코 레이트 : 아프리카 원주민이 큰(大) 코에 구멍을 뚫어 장식하다(decorate)

장식하다

大(대)코
레이트
decorate

frequent 자주 일어나는, 빈번한
[frí:kwənt]

(f)프(r)리~크원트 → 풀이 크는 투 : 풀이 깎으면 크고, 또 깎으면 크는 것처럼 풀이 크는 투로 빈번한(frequent)

풀이 크는 투로
frequent

빈번한

otherwise
[ʌðərwaiz]
(만약) 그렇지 않으면

어(ð)더(r)와이(z)즈 → 얻어와야지 : 깡패가 아이에게 "집에서 1000원씩 얻어와야지, 그렇지 않으면(otherwise) 죽어!"

깡패
집에서 1000원씩 얻어와야지
otherwise
그렇지 않으면 죽어!

contaminate

[kəntǽmineit] **오염시키다, 더럽히다**

큰 때를 미네이트
contaminate
오염시키다

cemetery

공동묘지

[séməteri]

세머테(r)리 → 쇠못 때리 : 공동묘지(cemetery)에 있는 드라큘라의 심장에 쇠못을 때려 박다

공동묘지

쇠못 때리다
cemetery

circumstance

환경

[sə́:rkəmstəns]

써~(r)컴스턴스 → 쓸 건 스톤s(stones: 돌들) : 이곳 환경 (circumstance)은 쓸 건 stones(돌들)밖에 없어.

이곳 환경은
쓸 건 stones(돌들)
circumstance
밖에 없어.

다음 만화, 단어, 뜻을 관련 있는 것끼리 선으로 이어보세요.

otherwise

decorate

contaminate

frequent

cemetery

circumstance

공동묘지

환경

(만약) 그렇지 않으면

장식하다

오염시키다,
더럽히다

자주 일어나는,
빈번한

urgent 긴급한
[ə́ːrdʒənt]

어~(r)줜트 → 에! 전투 : 에! 전투가 일어나서 군인과 경찰들이
긴급한(urgent) 출동을 하다

_____ _____

_____ _____

_____ _____

raft 뗏목, 고무보트
[ræft]

(r)래(f)프트 : 래프팅(rafting)은 뗏목(raft)이나 고무보트(raft)를
타고 강의 급류를 타는 레포츠

_____ _____

_____ _____

_____ _____

guilty 유죄의, 죄책감이 드는
[gílti]

길티 → 길(로) 튀(다) : 뺑소니 차량이 죄를 저지르고(guilty) 길로
튀다

_____ _____

_____ _____

_____ _____

blossom
[blάːsəm]

꽃; 꽃을 피우다

블라~섬 → 불났음 : 산에 불이 난 것처럼 빨간 꽃(blossom)이 피어 있는

꽃을피우다

산에 **불났음**
blossom

ruler
[rúːlər]

지배자

(r)루~ㄹ러(r) → 눌러 : 다른 사람들을 발로 눌러 지배자(ruler)가 된

지배자

발로 **눌러**
ruler

ruler
[rúːlər]

자

(r)루~ㄹ러(r) → 눌러 : 책장이 바람에 날려 넘어가지 않도록 자 (ruler)로 책장을 눌러 놓은

책장을 **눌러**
ruler

자

다음 만화, 단어, 뜻을 관련 있는 것끼리 선으로 이어보세요.

ruler · · 유죄의, 죄책감이 드는

ruler · · 긴급한

guilty · · 꽃; 꽃을 피우다

urgent · · 뗏목, 고무보트

blossom · · 지배자

raft · · 자

A 한글 뜻을 보고 옆의 영어 단어 철자를 완성하세요.

1	오염시키다, 더럽히다	cont___ ___inate
2	장식하다	d___ ___orate
3	지배자	ru___ r
4	환경	circ___ ___stance
5	(만약) 그렇지 않으면	oth___ ___wise
6	긴급한	ur___ ___nt
7	꽃; 꽃을 피우다	bl___ som
8	자주 일어나는, 빈번한	fr___ ___uent
9	공동묘지	ce___ ___tery
10	뗏목, 고무보트	ra___ ___
11	유죄의, 죄책감이 드는	g___ ___lty
12	자	r___ ___er

B 다음 단어들의 뜻을 적어보세요.

1	circumstance	_____
2	ruler	_____
3	decorate	_____
4	guilty	_____
5	contaminate	_____
6	blossom	_____
7	frequent	_____
8	cemetery	_____
9	urgent	_____
10	otherwise	_____
11	raft	_____
12	ruler	_____

24

immediate
[imíːdiət]
즉시의, 당장의

이미~디어트 → 이미 뒤 있다 : 칼로 내려치는 순간 홍길동이 즉시 (immediate) 뒤로 돌아 이미 적의 뒤에 있는
＊immediately 즉시, 당장

이미 뒤에 있다 immediate

즉시의 이동

destination
[dèstənéiʃən]
목적지, 목표

데스터네이(ʃ)션 → 대(大) 스타 nation(나라) : "나의 목표 (destination)는 우리나라(nation)에서 대 스타가 되는 거야."

내 목표는 大스타 우리나라(네이션ː nation)에서 destination

trace
[treis]
자취; 추적하다

트(r)레이스 → 틀에 있으(있어) : 눈 속에 찍힌 발자국 틀에 그의 자취(trace)가 남겨져 있어

틀에 그의 자취가 있으 trace

author 저자, 작가
[ɔ́:θər]

오~(θ)써(r) → 오~ 써 : 출판사에서 유명 작가(author)에게 글 좀 써달라고 "오~ 써주세요!" 하며 애원하다

permanent 영구적인, 불변의
[pə́:rmənənt]

퍼~(r)머넌트 → 퍼머는t : 아주머니들의 퍼머는 영구적 (permanent)이다. 원래 퍼머는 permanent wave에서 온 말.
＊permanently 영구적으로

original 최초의, 본래의
[ərídʒinəl]

어(r)리쥐널 → 오래 지날 : 최초의(original) 시간에서 시간이 오래 지날(지난)

다음 만화, 단어, 뜻을 관련 있는 것끼리 선으로 이어보세요.

original • • 영구적인, 불변의

author • • 최초의, 본래의

immediate • • 자취; 추적하다

permanent • • 즉시의, 당장의

destination • • 저자, 작가

trace • • 목적지, 목표

share 몫; 나눠 갖다
[ʃeər]

(ʃ)쉐어(r) → 세어 : 같이 번 돈을 세어서 각자의 몫(share)을 나눠 갖다(share)

1만원,2만원,3만원
돈을 세어
share

몫을 나눠 갖다

diameter 지름
[daiǽmitər]

다이애미터(r) → 다이아 미터 : 다이아몬드의 지름(diameter)이 몇 미터인가 재다

다이아몬드 지름이
몇 미터
diameter

critical 비판적인
[krítikəl]

크(r)리티컬 → 그리 티끌 : 정치가에게 "그리 티끌이 많아?" 하며 비판적인(critical)

그리 티끌이 많아?
critical

← 비판하는

prosper 번영하다
[prάːspər]

프(r)라~스퍼(r) → 플러스(plus, +) 퍼 : 돈을 담고 거기에
플러스하여 더 퍼 담을 정도로 번영하다(prosper)

mission 임무, 직무
[míʃən]

미(ʃ)션 → 영화 〈미션 임파서블(mission impossible)〉이란
불가능한(impossible) 임무(mission)

impossible 불가능한
[impάːsəbl]

임파~서블 → 영화 〈미션 임파서블(mission impossible)〉이란
불가능한(impossible) 임무(mission) *possible 가능한

다음 만화, 단어, 뜻을 관련 있는 것끼리 선으로 이어보세요.

critical

불가능한

share

번영하다

prosper

몫; 나눠 갖다

diameter

임무, 직무

mission

지름

impossible

비판적인

A 한글 뜻을 보고 옆의 영어 단어 철자를 완성하세요.

1	저자, 작가	au___ ___or
2	즉시의, 당장의	i___ ___ediate
3	임무, 직무	m___ ___sion
4	최초의, 본래의	or___ ___inal
5	자취; 추적하다	tra___ ___
6	몫; 나눠 갖다	___ ___are
7	번영하다	p___ ___sper
8	불가능한	impos___ ___ble
9	영구적인, 불변의	per___ ___nent
10	목적지, 목표	des___ ___nation
11	비판적인	cr___ ___ical
12	지름	___ ___ameter

B 다음 단어들의 뜻을 적어보세요.

1	original	_____
2	mission	_____
3	impossible	_____
4	critical	_____
5	author	_____
6	prosper	_____
7	destination	_____
8	permanent	_____
9	share	_____
10	diameter	_____
11	immediate	_____
12	trace	_____

22~24강 전체 복습

다음 단어들의 뜻을 적어 보세요.

22강

1	sigh	7	peninsula
2	pulse	8	endure
3	scream	9	scene
4	locate	10	violence
5	defense	11	Buddhist
6	conduct	12	eraser

23강

13	decorate	19	urgent
14	frequent	20	raft
15	otherwise	21	guilty
16	contaminate	22	blossom
17	cemetery	23	ruler
18	circumstance	24	ruler

24강

25	immediate	31	share
26	destination	32	diameter
27	trace	33	critical
28	author	34	prosper
29	permanent	35	mission
30	original	36	impossible

sigh 한숨 쉬다; 한숨

pulse 맥박, 진동

scream 소리치다, 비명을 지르다

locate ~에 위치시키다, 위치를 찾아내다

defense 방어, 수비

conduct 1. 행동하다 2. 지도하다

peninsula 반도

endure 견디다, 참다

scene 장면

violence 폭력, 폭행

Buddhist 불교도, 불교신자

eraser 지우개

decorate 장식하다

frequent 자주 일어나는, 빈번한

otherwise (만약) 그렇지 않으면

contaminate 오염시키다, 더럽히다

cemetery 공동묘지

circumstance 환경

urgent 긴급한

raft 뗏목, 고무보트

guilty 유죄의, 죄책감이 드는

blossom 꽃; 꽃을 피우다

ruler 지배자

ruler 자

immediate 즉시의, 당장의

destination 목적지, 목표

trace 자취; 추적하다

author 저자, 작가

permanent 영구적인, 불변의

original 최초의, 본래의

share 몫; 나눠 갖다

diameter 지름

critical 비판적인

prosper 번영하다

mission 임무, 직무

impossible 불가능한

threat 위협, 협박
[θret]

(θ)쓰(r)렛 → 쓰레빠 : 쓰레빠(슬리퍼)를 질질 끌며 다니는 깡패들이 돈 내놓으라며 협박(threat)하다

쓰레빠
threat

위협, 협박

돈 내놔!

property 재산
[prάːpərti]

프(r)라~퍼(r)티 → 풀어 파티 : 재산(property)을 풀어 파티를 열다

재산을 **풀어 파티**를 열다
property

according to ～에 따라, ～에 의하면
[əkɔ́ːrdiŋtə]

어코~(r)딩 투 → 어코디언 : 어코디언의 연주에 따라(according to) 노래를 부르다

어코디언(어코딩 투)
according to
연주에 **따라**
노래를 부르다

198 경선식 영단어

murder 살인; 살해하다
[mɜ́ːrdər]

머~(r)더(r) → 묻어 : 땅속에 산채로 묻어 살해하다(murder)
*murderer 살인자

appeal 간청하다
[əpíːl]

어피~ㄹ → 업힐 : "엄마, 제발 업어주세요." 하며 엄마에게 업힐 것을 간청하다(appeal)

atmosphere 분위기
[ǽtməsfiər]

애트머스(f)피어(r) → 코스모스 피어 : 코스모스가 피어있는 시골의 분위기(atmosphere)

다음 만화, 단어, 뜻을 관련 있는 것끼리 선으로 이어보세요.

 • according to • • 재산

 • property • • 살인; 살해하다

 • appeal • • 위협, 협박

 • threat • • ~에 따라, ~에 의하면

 • murder • • 분위기

 • atmosphere • • 간청하다

voyage 항해, 여행
[vɔ́iidʒ]

(v)보이이쥐 → 보이지 : 배를 타고 항해(voyage)하면서 배 꼭대기에서 망보는 선원에게 "육지가 보이지?" 하며 묻다

suspicious 의심스러운
[səspíʃəs]

서스피(ʃ)셔스 → 서서 피셨어 : 형사가 "범인이 이곳에서 담배를 서서 피셨어?" 하며 현장에 떨어져 있는 담배꽁초가 의심스러운 (suspicious) 듯이 쳐다보다 *suspect 의심하다

leap 뛰어오르다
[li:p]

리~ㅍ → 잎 : 메뚜기가 풀잎 위에서 뛰어오르다(leap)

leak
[liːk]
(기체 · 액체 등이)
새다; 누출

이크!
leak

방귀가
새다

리~크 → 이크! : "이크! 나도 모르게 방귀가 새어 나왔네(leak)."

merchandise
[mɜ́ːrtʃəndais]
상품, 제품

뭘 찾죠? 다 있어요
merchandise

상품,제품

머~(r)췬다이스 → 뭘 찾(죠?) 다 있어 : 손님에게 "뭘 찾죠? 다 있어요." 하며 상품(merchandise)을 보여주다

merchant
[mɜ́ːrtʃənt]
상인

뭘 찾으세요?
merchant

상인

머~(r)췬트 → 뭘 찾다 : 손님에게 "뭘 찾으세요?" 하고 묻는 상인 (merchant)

다음 만화, 단어, 뜻을 관련 있는 것끼리 선으로 이어보세요.

• suspicious •

• 상인

• leak •

• 상품, 제품

• voyage •

• 의심스러운

• leap •

• (기체·액체 등이)
새다; 누출

• merchant •

• 항해, 여행

• merchandise •

• 뛰어오르다

A 한글 뜻을 보고 옆의 영어 단어 철자를 완성하세요.

1	살인; 살해하다	m___ ___der
2	위협, 협박	thr___ ___t
3	상품, 제품	merch___ ___dise
4	분위기	atm___ ___phere
5	~에 따라, ~에 의하면	ac___ ___rding to
6	항해, 여행	vo___ ___ge
7	(기체·액체 등이) 새다; 누출	l___ ___k
8	상인	m___ ___chant
9	간청하다	ap___ ___al
10	재산	prop___ ___ty
11	뛰어오르다	le___ ___
12	의심스러운	susp___ ___ious

B 다음 단어들의 뜻을 적어보세요.

1	atmosphere	_____
2	merchandise	_____
3	merchant	_____
4	leap	_____
5	murder	_____
6	leak	_____
7	property	_____
8	appeal	_____
9	voyage	_____
10	suspicious	_____
11	threat	_____
12	according to	_____

gravity 중력, 인력
[grǽvəti]

그(r)래(v)버티→ 그래 버티! : "그래, 이 블랙홀의 중력(gravity)을 끝까지 버텨!"

그래,이 중력을
버티에!
gravity

인력

crosswalk 횡단보도
[krɔ́ːswɔːk]

크(r)로~스워~크 → cross(가로지르는) + walk(걷다) : 도로를 가로질러 걸어가는 횡단보도(crosswalk)

cross(가로지르는)+walk(걷다)
crosswalk 횡단보도

ethnic 민족의
[éθnik]

에(θ)쓰닉 → 애쓰니 : 독립운동가들이 민족의(ethnic) 독립을 위해 고문을 이겨내며 애쓰니

민족의 독립을 위해 애쓰니
ethnic

대한 독립 만세!! 대한 독립 만세!!

curriculum
[kəríkjuləm]

교과과정

커(r)리큘럼 → 가리킬 놈 : 선생님이 가리킬 놈에게 무엇을 가르쳐야 하는지 교과과정(curriculum)을 생각하다

navigation
[nǽvigéiʃən]

(배·항공기의)
항해, 운항

내(v)비게이(ʃ)션 → 내비게이터(navigator)란 운전할 때 길을 안내(navigation)해주는 기계

burst
[bɜːrst]

폭발하다, 터지다

버~(r)스트 → 버스 투~ : 테러범이 폭탄을 설치한 버스가 투~ 하고 폭발하다(burst)

다음 만화, 단어, 뜻을 관련 있는 것끼리 선으로 이어보세요.

● **burst** ●

● 민족의

● **navigation** ●

● 횡단보도

● **crosswalk** ●

● (배 · 항공기의) 항해, 운항

● **curriculum** ●

● 중력, 인력

● **gravity** ●

● 교과과정

● **ethnic** ●

● 폭발하다, 터지다

sweep 쓸다, 청소하다
[swi:p]

스위~ㅍ → 수위 잎 : 수위 아저씨가 빗자루로 떨어진 잎사귀를 쓸며 청소하다(sweep)

수위아저씨가
잎사귀를
sweep
쓸다,
청소하다

contrary 반대의; 정반대
[kά:ntrəri]

카~ㄴ트(r)러(r)리 → 큰 틀어리 : 자동차 핸들을 크게 틀어 정반대의 (contrary) 방향으로 가다

(정)반대의 방향

핸들을 **큰**(크게) **틀어리**
contrary

disgust 역겨움, 혐오감
[disgΛst]

디스**거**스트 → this 가스 투! : 친구가 방귀를 뀌자 "this(이게) 가스를?" 하며 침을 투! 뱉으며 역겨워함(disgust)

this(이게) **가스**를?
disgust
투!

역겨움,
혐오감

greed　욕심, 탐욕

[gri:d]

그(r)리~드 → 그리도 : 이 다이아몬드가 그리도 욕심(greed)나니?

desert　사막

[dézərt]

데(z)저(r)트 → 뭬져 투! : 뭬지라고(죽으라고) 사막(desert)에 사람을 버리고(desert) 침을 투! 뱉다

desert　(도와주지 않고) 버리다

[dizə́:rt]

디저~(r)트 → 뒤져 투! : 뒤지라고(죽으라고) 사막(desert)에 사람을 버리고(desert) 침을 투! 뱉다

다음 만화, 단어, 뜻을 관련 있는 것끼리 선으로 이어보세요.

desert

사막

greed

(도와주지 않고)
버리다

sweep

역겨움, 혐오감

desert

쓸다, 청소하다

contrary

욕심, 탐욕

disgust

반대의; 정반대

A 한글 뜻을 보고 옆의 영어 단어 철자를 완성하세요.

1	횡단보도	cros___ ___alk
2	중력, 인력	gra___ ___ty
3	사막	de___ ___rt
4	폭발하다, 터지다	b___ ___st
5	민족의	eth___ ___c
6	쓸다, 청소하다	swe___ ___
7	욕심, 탐욕	gr___ ___d
8	반대의; 정반대	con___ ___ary
9	(배 · 항공기의) 항해, 운항	na___ ___gation
10	교과과정	___ ___rriculum
11	역겨움, 혐오감	dis___ ___st
12	(도와주지 않고) 버리다	___ ___sert

B 다음 단어들의 뜻을 적어보세요.

1	burst	_____
2	desert	_____
3	contrary	_____
4	disgust	_____
5	curriculum	_____
6	greed	_____
7	crosswalk	_____
8	navigation	_____
9	sweep	_____
10	ethnic	_____
11	gravity	_____
12	desert	_____

suck 빨다, 빨아들이다
[sʌk]

썩 → 쏙 : 사탕을 쏙쏙 빨다(suck), 또는 빨대로 쏙쏙 빨아들이다 (suck)

빨대로 **쏙쏙** 빨아들이다
suck

canyon 깊은 협곡, 골짜기
[kǽnjən]

캐년 → 그랜드 캐년 : grand(웅장한) + canyon(협곡)

그랜드 **캐년**
grand(웅장한)+canyon(협곡)

fume 연기; 연기나다
[fjuːm]

(f)퓨~ㅁ → 피움 : 불을 피워서 연기가 나다(fume)

연기(나다)

불을 **피움**
fume

terrific 굉장한, 무시무시한
[tərífik]

터(r)리(f)픽 → 털이 픽! : 온 몸에 털이 픽! 설 정도로 무시무시하거나 굉장한(terrific)

털이픽!
terrific

픽! 픽!
픽! 픽!

굉장한,
무시무시한

ray 광선, 빛
[rei]

(r)레이 : 엑스레이(X-ray)란 X 광선(ray)

엑스 레이:x-광선
ray

drip (액체가) 뚝뚝 떨어지다
[drip]

드(r)립 → 두 잎 : 두 개의 잎사귀에서 이슬이 뚝뚝 떨어지는(drip) 모습

(이슬이)뚝뚝 떨어지다

① ②

두잎
drip

뚝! 뚝!

다음 만화, 단어, 뜻을 관련 있는 것끼리 선으로 이어보세요.

ray ● 연기; 연기나다

drip ● 빨다, 빨아들이다

fume ● 굉장한, 무시무시한

suck ● 깊은 협곡, 골짜기

terrific ● 광선, 빛

canyon ● (액체가) 뚝뚝 떨어지다

rage 분노; 분노하다
[reidʒ]

(r)레이쥐 → 내 이 쥐 : 고양이 톰이 "내 이 쥐를 그냥!" 하며 쥐 제리에게 약이 올라 분노하다(rage)

내 이 쥐를 그냥!
rage

분노(하다)

soak 담그다, 흠뻑 젖다
[souk]

쏘욱 → 쏘옥 : 물속에 쏘옥 담가(soak) 흠뻑 젖다(soak)

물에 쏘옥
soak
담그다

흠뻑젖다

attorney 변호사
[ətɜ́ːrni]

어터~(r)니 → 어떠니? : "그러면 좀 어떠니?"라며 죄가 아니라고 변호하는 변호사(attorney)

친구가 그러면 좀
어떠니?
attorney

변호사

피해자

donation   기부
[dounéiʃən]

도우네이(ʃ)션 → 돈 내이션 : 돈을 내서 기부(donation)하다
*donate 기부하다, 기증하다

돈 내이션
donation

기부

사랑의 모금

flaw   흠, 결점
[flɔː]

(f)플로~ → 풀로 : 갈라진 흠(flaw)을 풀로 붙이다

갈라진 **흠**을 **풀로** 붙이다
flaw

drag   끌다, 끌고 가다
[dræg]

드(r)래그 → 두 leg(다리) : 사냥한 멧돼지의 두 leg(다리)를 잡고 질질 끌고 가다(drag)

끌다, 끌고 가다

두 **leg(다리)**를 잡고
drag

다음 만화, 단어, 뜻을 관련 있는 것끼리 선으로 이어보세요.

attorney · · 끌다, 끌고 가다

rage · · 기부

donation · · 분노; 분노하다

soak · · 흠, 결점

flaw · · 담그다, 흠뻑 젖다

drag · · 변호사

A 한글 뜻을 보고 옆의 영어 단어 철자를 완성하세요.

1	굉장한, 무시무시한	ter___ ___fic
2	빨다, 빨아들이다	s___ck
3	흠, 결점	fl___ ___
4	(액체가) 뚝뚝 떨어지다	___ ___ip
5	연기; 연기나다	f___e
6	분노; 분노하다	___age
7	기부	do___ ___tion
8	끌다, 끌고 가다	d___ ___g
9	광선, 빛	r___ ___
10	깊은 협곡, 골짜기	c___ ___yon
11	변호사	att___ ___ney
12	담그다, 흠뻑 젖다	s___ ___k

B 다음 단어들의 뜻을 적어보세요.

1 drip

2 flaw

3 drag

4 attorney

5 terrific

6 donation

7 canyon

8 ray

9 rage

10 soak

11 suck

12 fume

다음 단어들의 뜻을 적어 보세요.

25강

1	threat	_____	7	voyage
2	property	_____	8	suspicious
3	according to	_____	9	leap
4	murder	_____	10	leak
5	appeal	_____	11	merchandise
6	atmosphere	_____	12	merchant

26강

13	gravity	_____	19	sweep
14	crosswalk	_____	20	contrary
15	ethnic	_____	21	disgust
16	curriculum	_____	22	greed
17	navigation	_____	23	desert
18	burst	_____	24	desert

27강

25	suck	_____	31	rage
26	canyon	_____	32	soak
27	fume	_____	33	attorney
28	terrific	_____	34	donation
29	ray	_____	35	flaw
30	drip	_____	36	drag

1

threat 위협, 협박

2

property 재산

3

according to
~에 따라, ~에 의하면

4

murder
살인; 살해하다

5

appeal 간청하다

6

atmosphere 분위기

7

voyage 항해, 여행

8

suspicious
의심스러운

9

leap 뛰어오르다

10

leak
(기체·액체 등이) 새다; 누출

11

merchandise
상품, 제품

12

merchant 상인

13

gravity 중력, 인력

14

crosswalk 횡단보도

15

ethnic 민족의

16

curriculum 교과과정

17

navigation
(배·항공기의) 항해, 운항

18

burst 폭발하다, 터지다

19

sweep 쓸다, 청소하다

20

contrary
반대의; 정반대

21

disgust 역겨움, 혐오감

22

greed 욕심, 탐욕

23

desert 사막

24

desert
(도와주지 않고) 버리다

25

suck 빨다, 빨아들이다

26

canyon
깊은 협곡, 골짜기

27

fume 연기; 연기나다

28

terrific
굉장한, 무시무시한

29

ray 광선, 빛

30

drip
(액체가) 뚝뚝 떨어지다

31

rage 분노; 분노하다

32

soak 담그다, 흠뻑 젖다

33

attorney 변호사

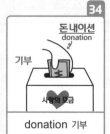

34

donation 기부

35

flaw 흠, 결점

36

drag 끌다, 끌고 가다

eternal 영원한, 변함없는
[itə́:rnəl]

이터~(r)널 → 이 터널 : 긴 터널을 지날 때 이 터널이 영원히 (eternal) 이어질 것 같은 느낌

witch 마녀
[witʃ]

위취 → 위치 : 여기저기로 사라졌다 다시 나타났다 하면서 위치를 옮기는 마녀(witch)

frost 서리, 성에
[frɔ́:st]

(f)프(r)로~스트 → 플러스(+) two : 기온이 영상(+) 2도로 내려가자 서리(frost)가 생기다

flee 달아나다
[fli:]

(f)플리~ → 풀리(다) : 묶어둔 끈이 풀리어 개가 달아나다(flee)

끈이 **풀리**
flee

달아나다

---

scar 상처, 흉터
[skɑ:r]

스카~(r) → 슥 까아 : 살점이 슥- 까여서 생긴 흉터(scar)

상처, 살점이 **슥-까**여
흉터 scar

슥!

---

woe 고통, 비통
[wou]

워우 → 워우! : 도끼에 발등을 찍혀 "워우!" 하고 비명을 지르며
느끼는 고통(woe) *woeful 비통한

워우!
woe

고통

다음 만화, 단어, 뜻을 관련 있는 것끼리 선으로 이어보세요.

witch

서리, 성에

flee

마녀

eternal

상처, 흉터

frost

영원한, 변함없는

woe

달아나다

scar

고통, 비통

reap 수확하다
[ri:p]

(r)리~ㅍ → 잎 : 상추잎을 수확하다(reap)

store 1. 가게 2. 저장하다
[stɔ:r]

스토~어(r) : 스토어(가게)에 팔 물건을 잔뜩 쌓아 저장하다(store)

tend ~하는 경향이 있다
[tend]

텐드 → ten(10)두(열 명도) : "내 친구 ten(10)명도 경선식 단어를 하고 있어. 요즘 모두 그 책을 보는 경향이 있다(tend)."

224   경선식 영단어

connect
[kənékt]
연결하다, 연결되다

커넥트 → 코 neck(목) 트 : 코와 목(neck)은 기도와 연결되어 있다 (connect) *connection 연결, 관련

코, 넥(neck:목) 은
connect
기도와
연결되다

delete
[dilíːt]
삭제하다, 지우다

딜리~트 → 컴퓨터 자판에서 Delete 키는 삭제하는(delete) 키

키보드의 Delete 키
삭제하다, 지우다

commercial
[kəmə́ːrʃəl]
상업의

커머~(r)(ʃ)설 → 카(car) 뭐 살 거야? : 자동차 외판원이 손님에게 "차(car) 뭐 살 겁니까?" 라고 상업의(commercial) 행위를 하다

카(car) 뭐 살 겁니까?
commercial
상업의
행위

다음 만화, 단어, 뜻을 관련 있는 것끼리 선으로 이어보세요.

 tend • 상업의

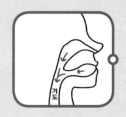 store • 삭제하다, 지우다

 delete • 1. 가게
2. 저장하다

 reap • 연결하다, 연결되다

 connect • 수확하다

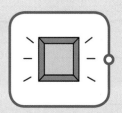 commercial • ~하는 경향이 있다

A 한글 뜻을 보고 옆의 영어 단어 철자를 완성하세요.

1	달아나다	fl___ ___
2	영원한, 변함없는	et___ ___nal
3	삭제하다, 지우다	de___ ___te
4	고통, 비통	w___ ___
5	서리, 성에	fr___ ___t
6	수확하다	___eap
7	연결하다, 연결되다	con___ ___ct
8	상업의	comm___ ___cial
9	상처, 흉터	___ ___ar
10	마녀	w___ ___ch
11	~하는 경향이 있다	t___ ___d
12	1. 가게 2. 저장하다	sto___ ___

B 다음 단어들의 뜻을 적어보세요.

1	woe	_____
2	delete	_____
3	commercial	_____
4	tend	_____
5	flee	_____
6	connect	_____
7	witch	_____
8	scar	_____
9	reap	_____
10	store	_____
11	eternal	_____
12	frost	_____

nod (머리를) 끄덕이다
[nɑ:d]

나~드 → 나두 : "너도 먹을래?" 하고 물을 때 "나두" 하고 머리를 끄덕이다(nod)

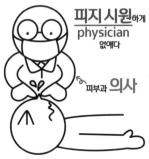

physician 의사
[fizíʃən]

(f)피(z)지(ʃ)션 → 피지 션(시원) : 피부과 의사(physician)가 코에 있는 피지를 시원하게 없애주는 모습

domestic 국내의, 집안의
[dəméstik]

더메스틱 → 담에서 틱! : 담벼락 위에서 틱! 하고 집안의 (domestic) 마당으로 들어오는 도둑

nervous 불안해하는
[nə́:rvəs]

너~(r)(v)버스 → 널 버스 : 어린 아이를 유치원에 보내는 어머니가 "널 버스에 혼자 태워 보내기가 불안하구나(nervous)."

널 버스에 nervous 혼자 태우다니..

↙ 불안해하는

---

board
[bɔːrd]
1. 판자
2. (차·배·비행기 등을) 타다

1. 보~(r)드 → 보드 : 겨울에 눈 위에서 타는 보드는 나무로 만든 판자(board)
2. 보~(r)드 → 보트 : 보트에 타다(board)

타다

보드 board

판자

---

aboard
[əbɔ́ːrd]
(배·비행기·기차 등에) 타고, 탑승하여

어보~(r)드 → 어, 보트 : 어, 보트를 타고(aboard). 또는 스키장에서 어, 보드를 타고.

어,보트를 타고 aboard

다음 만화, 단어, 뜻을 관련 있는 것끼리 선으로 이어보세요.

aboard

의사

board

불안해하는

physician

(머리를)
끄덕이다

nervous

국내의, 집안의

nod

(배·비행기·기차 등에)
타고, 탑승하여

domestic

1. 판자
2. (차·배·비행기
   등을) 타다

arms 무기
[ɑ:rmz]

arm(팔)도 여럿이 휘두르면 **무기**
arms

아~(r)ㅁ(z)즈 : 팔(arm)의 복수형으로 여럿이 휘두르면 하나의 무기
(arms)

idol 우상
[áidl]

우상의
아이돌 가수
idol

아이들 → 아이들 : 아이들의 우상(idol)인 아이돌(우상) 가수

rural 시골의
[rúrəl]

벼가 익어 **누런** 시골의 풍경
rural

(r)루(r)럴 → 누런 : 벼가 익어서 누런 시골의(rural) 풍경

cease 중지하다
[siːs]

중지하다   손을 씻으 cease

outstanding
[autstǽndiŋ]   눈에 띄는, 뛰어난

out(밖에)+standing(서있는)
outstanding

눈에 확 띄는

아웃스**탠**딩 → out(밖에) + standing(서있는) : 밖으로(out) 홀로
돌출되게 서있어서(standing) 눈에 확 띄는(outstanding) 건물

fascinate
[fǽsəneit]   매혹하다,
넋을 빼앗다

넋을 **뺏어내이트**
fascinate

매혹하다

(f)패서네이트 → 뺏어내이트 : 진한 향기로 사람들의 마음을 쏙
뺏어내 매혹시키다(fascinate)

다음 만화, 단어, 뜻을 관련 있는 것끼리 선으로 이어보세요.

 • idol • 매혹하다,
넋을 빼앗다

 • cease • 눈에 띄는,
뛰어난

 • arms • 우상

 • rural • 중지하다

 • fascinate • 무기

 • outstanding • 시골의

A 한글 뜻을 보고 옆의 영어 단어 철자를 완성하세요.

1 불안해하는 ner____us
2 (머리를) 끄덕이다 ____d
3 눈에 띄는, 뛰어난 out____ ____anding
4 (배·비행기·기차 등에) 타고, 탑승하여 ab____ ____rd
5 국내의, 집안의 do____ ____stic
6 무기 a____s
7 중지하다 ce____e
8 매혹하다, 넋을 빼앗다 fas____ ____nate
9 1. 판자 2. (차·배·비행기 등을) 타다 bo____ ____d
10 의사 phy____ ____cian
11 시골의 ru____l
12 우상 id____ ____

B 다음 단어들의 뜻을 적어보세요.

1 aboard
2 outstanding
3 fascinate
4 rural
5 nervous
6 cease
7 physician
8 board
9 arms
10 idol
11 nod
12 domestic

obstacle 방해, 장애물
[ɑ́:bstəkl]

아~ㅂ스터클 → 앞's 태클 : 축구에서 앞에서 들어오는 태클은
공격을 방해(obstacle)하는 장애물(obstacle)이라고 연상

neither (둘 중에서)
[níːðər] ~쪽도 아니다

니~(ð)더(r) → 니도 : 니도 아니고 쟤도 아니다(neither)
＊neither A nor B A도 아니고 B도 아니다

meadow 목초지, 초원
[médou]

메도우 → 매 둬! : 목초지(meadow)에서 풀을 뜯어먹게 소를
말뚝에 매둬!

초등 5-6학년 영단어 **235**

split
[split]

쪼개다, 나누다

스플리트 → 슥 풀리트 : 나무젓가락이 스윽 풀리어 두 개로 나뉘다 (split)

슥-풀리트
split

나누다,
쪼개다

슥

metro
[métrou]

1. 지하철
2. 수도, 대도시

메트(r)로우 → 밑으로 : 대도시(metro) 밑으로 지하철(metro)이 다니다

대도시 밑으로 지하철
metro

bay
[bei]

(작은) 만(바다가 육지 속으로 쑥 들어온 곳)

베이 → 배(가) 이(2) : 만(bay)에 배 2척이 정박해 있는

배이 (2)척
bay

만

다음 만화, 단어, 뜻을 관련 있는 것끼리 선으로 이어보세요.

meadow

(둘 중에서)
~쪽도 아니다

neither

쪼개다, 나누다

metro

방해, 장애물

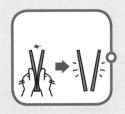

obstacle

목초지, 초원

split

(작은) 만 (바다가 육지
속으로 쑥 들어온 곳)

bay

1. 지하철
2. 수도, 대도시

drought 가뭄
[draut]

드(r)라우트 → 들 아웃(out)! : 가뭄(drought)에 들판이 다 말라 아웃! 당한

가뭄에 들이 다 말라 아웃
drought

candidate 후보자, 지원자
[kǽndideit]

캔디데이트 → 캔디 + 데이트 : 만화 주인공 캔디와 데이트하려고 길게 줄 서 있는 지원자(후보자)(candidate)들 연상

캔디와 데이트하려고 줄선 지원자
candidate

pub 술집
[pʌb]

퍼브 → 퍼 부으 : 술을 입에 퍼부어 마시는 술집(pub)

술집에서 퍼 부으
pub

escalate
[éskəleit]
증가하다,
오르다

에스컬레이트 → 백화점의 자동으로 올라가는(escalate) 계단인
에스컬레이터(escalator)

에스컬레이트
escalate
오르다

comet
[ká:mit]
혜성

카~미트 → 까 밑 : 혜성(comet)이 날아와 지구의 밑부분을
까버리다

혜성

까다 밑을
comet

offend
[əfénd]
화나게 하다

어(f)펜드 → 오! 팬다! : "오! 저 사람을 화나게 했더니(offend)
나를 팬다!"

오 화나게 해서
나를 팬다
offend

다음 만화, 단어, 뜻을 관련 있는 것끼리 선으로 이어보세요.

offend

술집

comet

후보자, 지원자

candidate

혜성

escalate

가뭄

drought

증가하다, 오르다

pub

화나게 하다

A 한글 뜻을 보고 옆의 영어 단어 철자를 완성하세요.

1	쪼개다, 나누다	sp___ ___t
2	방해, 장애물	___ ___stacle
3	혜성	com___ ___
4	(작은) 만	b___ ___
5	목초지, 초원	m___ ___dow
6	가뭄	dr___ ___ght
7	증가하다, 오르다	es___ ___late
8	화나게 하다	off___ ___d
9	1. 지하철 2. 수도, 대도시	___ ___tro
10	(둘 중에서) ~쪽도 아니다	n___ ___ther
11	술집	___ ___b
12	후보자, 지원자	can___ ___date

B 다음 단어들의 뜻을 적어보세요.

1	bay	_____
2	comet	_____
3	offend	_____
4	pub	_____
5	split	_____
6	escalate	_____
7	neither	_____
8	metro	_____
9	drought	_____
10	candidate	_____
11	obstacle	_____
12	meadow	_____

다음 단어들의 뜻을 적어 보세요.

28강					
1	eternal	_____	7	reap	_____
2	witch	_____	8	store	_____
3	frost	_____	9	tend	_____
4	flee	_____	10	connect	_____
5	scar	_____	11	delete	_____
6	woe	_____	12	commercial	_____

29강					
13	nod	_____	19	arms	_____
14	physician	_____	20	idol	_____
15	domestic	_____	21	rural	_____
16	nervous	_____	22	cease	_____
17	board	_____	23	outstanding	_____
18	aboard	_____	24	fascinate	_____

30강					
25	obstacle	_____	31	drought	_____
26	neither	_____	32	candidate	_____
27	meadow	_____	33	pub	_____
28	split	_____	34	escalate	_____
29	metro	_____	35	comet	_____
30	bay	_____	36	offend	_____

1

eternal
영원한, 변함없는

2
witch 마녀

3
frost 서리, 성에

4
flee 달아나다

5
scar 상처, 흉터

6
woe 고통, 비통

7

reap 수확하다

8
store
1.가게 2.저장하다

9
tend ~하는 경향이 있다

10
connect
연결하다, 연결되다

11
delete
삭제하다, 지우다

12
commercial 상업의

13

nod (머리를) 끄덕이다

14
physician 의사

15
domestic
국내의, 집안의

16
nervous 불안해하는

17
board
1.판자 2.(차·배·비행기 등을) 타다

18
aboard
(배·비행기·기차 등에) 타고, 탑승하여

19

arms 무기

20
idol 우상

21
rural 시골의

22
cease 중지하다

23
outstanding
눈에 띄는, 뛰어난

24
fascinate
매혹하다, 넋을 빼앗다

25

obstacle 방해, 장애물

26
neither
(둘 중에서) ~쪽도 아니다

27
meadow 목초지, 초원

28
split 쪼개다, 나누다

29
metro
1. 지하철 2. 수도, 대도시

30
bay (작은) 만(바다가 육지 속으로 쑥 들어온 곳)

31

drought 가뭄

32
candidate
후보자, 지원자

33
pub 술집

34
escalate
증가하다, 오르다

35
comet 혜성

36
offend 화나게 하다

oyster 굴
[ɔ́istər]

오이스터(r) → 오이 (스) 떠 : 횟집에서 나온 접시에 얇게 썬 오이 위에 굴(oyster)이 떠 있는

오이(스) 위에 떠있는 굴
oyster

avenge 복수하다
[əvéndʒ]

1. 어(v)벤쥐 → 어, 벤찌(→ 펜치) : 두들겨 맞은 남자가 "어, 펜치 가져와. 저 자식 펜치로 때려주게!" 하며 복수하다(avenge)
2. 영화 〈어벤저스(avengers)〉는 '보복자들'을 뜻한다.

어,펜치 가져와! 복수하다
avenge

breakdown 고장, 파손
[bréikdaun]

브(r)레이크다운 → break(깨지다) + down(아래로) : 아래로 떨어져 액정이 깨지고 고장(breakdown) 난 스마트폰

break(깨지다)+down(아래로)
breakdown 고장,파손

emerge
[imɜ́:rdʒ]
(물속·어둠 속 등에서)
나오다

> 이머~(r)쥐 → 이(이게) 뭐지? : 물속에서 무언가 나오려고
> (emerge) 하자 "이게 뭐지?"

이게 뭐지?!!
emerge

나오다

?!

politician
[pàːlətíʃən]
정치가

> 파~ㄹ러티(ʃ)션 → 발로 뛰션 : 선거철에 열심히 시민들을
> 찾아다니며 발로 뛰는 정치인(politician)

정치가

발로 뛰션
politician

myth
[miθ]
신화

> 미(θ)쓰 → 믿수?(믿다) : "박혁거세가 알에서 나왔다는 신화(myth)
> 를 믿수?"

박혁거세

신화를 믿수?
myth

다음 만화, 단어, 뜻을 관련 있는 것끼리 선으로 이어보세요.

 · · politician · · 신화

 · · myth · · (물속·어둠 속 등에서) 나오다

 · · breakdown · · 굴

 · · oyster · · 정치가

 · · emerge · · 복수하다

 · · avenge · · 고장, 파손

drift 떠가다
[drift]

드(r)리(f)프트 → 두 리프트 : 스키장에서 두 개의 빈 **리프트**가 줄에 매달려 **떠가다**(drift)

두⑵ **리프트**
drift

떠가다

core 핵심, 중심
[kɔːr]

코~어(r) → 코 : 얼굴의 중심(core)에 있는 코

얼굴 **중심**에 있는 **코**
core

adore 숭배하다, 동경하다
[ədɔ́ːr]

어도~어(r) → 아더 : 백성들이 아더(왕)를 **숭배하다**(adore)

아더 왕~

아더~!
adore

숭배하다

thorn (식물의) 가시
[θɔːrn]

(θ)쏘~(r)온 → 쏜 : 벌이 톡 쏜 것처럼 아픈 가시(thorn)

벌이 **쏜** 것처럼
thorn

아픈 **가시**

---

caution 조심, 경고
[kɔ́ːʃən]

코~(ʃ)션 → 꼬션 : 아이들은 길에서 낯선 사람이 꼬시는 것을 조심 (caution)

낯선 사람이 **꼬셔? 조심!**
caution

---

sculpture 조각품
[skʌ́lptʃər]

스컬프춰(r) → 슥 칼 붙여 : 슥– 칼로 깎고 붙여 만든 조각품 (sculpture)

슥-칼로 깎고 **붙여**
sculpture
조각품

다음 만화, 단어, 뜻을 관련 있는 것끼리 선으로 이어보세요.

 • sculpture • 숭배하다, 동경하다

 • thorn • 떠가다

 • drift • (식물의) 가시

 • caution • 핵심, 중심

 • core • 조심, 경고

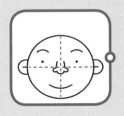 • adore • 조각품

A 한글 뜻을 보고 옆의 영어 단어 철자를 완성하세요.

1	(물속·어둠 속 등에서) 나오다	e___ ___rge
2	굴	oy___ ___er
3	조심, 경고	c___ ___tion
4	신화	___ ___th
5	고장, 파손	bre___ ___down
6	떠가다	dr___ ___t
7	(식물의) 가시	tho___ ___
8	조각품	scul___ ___ure
9	정치가	poli___ ___cian
10	복수하다	aven___ ___
11	숭배하다, 동경하다	a___ ___re
12	핵심, 중심	___ore

B 다음 단어들의 뜻을 적어보세요.

1	myth	
2	caution	
3	sculpture	
4	adore	
5	emerge	
6	thorn	
7	avenge	
8	politician	
9	drift	
10	core	
11	oyster	
12	breakdown	

germ 세균
[dʒɜ:rm]

쥐~(r)엄 → 점 : 현미경으로 보면 점처럼 작은 세균(germ)

세균

점같네..
germ

liberal 자유주의의
[líbərəl]

리버(r)럴 → 니(너) 벌어! : 공산주의와는 달리 "니가 벌고 싶은 대로 벌어!" 하고 내버려두는 자유주의(liberal)를 연상

자유주의의

니 벌고 싶은 대로
벌어!
liberal

oval 타원형의
[óuvəl]

오우벌 → 오(O) 벌 : 오(O)를 옆으로 벌리면 타원형(oval)이 된다

오(O)를 벌리면
oval

타원형의

apron 앞치마
[éiprən]

힘들어 죽겠어!
에잇! 풀런 apron
앞치마

에이프(r)런 → 에잇! 풀러 : 설거지하다가 힘들어서 에잇! 하며 앞치마(apron)를 풀러

demon 악마, 귀신
[dí:mən]

악마, 귀신
너 뒤 뭔가 있어! demon

디~먼 → 뒤 뭔 : "너의 뒤에 뭔가 귀신(demon)같은 게 있어!"

protein 단백질
[próuti:n]

달걀을
풀어튄 protein
단백질

프(r)로우티~ㄴ → 풀어 튄 : 달걀을 프라이팬에 풀어 단백질 (protein)의 흰자가 튄(튀다)

다음 만화, 단어, 뜻을 관련 있는 것끼리 선으로 이어보세요.

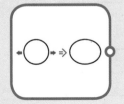

oval

germ

apron

liberal

demon

protein

악마, 귀신

단백질

타원형의

세균

앞치마

자유주의의

ceiling 천장
[síːliŋ]

천장을 보며

누워서 **쉴리~잉**
ceiling

surface 표면, 표층
[sɝːrfis]

방 **표면**을 **살피스**
surface

바늘이
어딨지?

cannon 대포
[kǽnən]

캐다 **논**을
cannon

대포

barley 보리
[bá:rli]

바~(r)리 → 빻을리 : 보리(barley)를 절구로 빻을리

detach 떼어내다
[ditǽtʃ]

디태취 → 뒤 뗐지 : 스티커 뒷부분을 뗐지(detach)

surrender 항복하다
[səréndər]

써(r)렌더(r) → 쏘랜다 : "쟤들이 쏠래면 쏘라고 두 손을 들고 항복하는군(surrender)."

다음 만화, 단어, 뜻을 관련 있는 것끼리 선으로 이어보세요.

detach

surrender

cannon

ceiling

barley

surface

대포

천장

보리

표면, 표층

떼어내다

항복하다

A 한글 뜻을 보고 옆의 영어 단어 철자를 완성하세요.

1	앞치마	ap___ ___n
2	세균	ge___ ___
3	떼어내다	det___ ___h
4	단백질	pro___ ___in
5	타원형의	___ ___al
6	천장	c___ ___ling
7	보리	bar___ ___y
8	항복하다	sur___ ___nder
9	악마, 귀신	de___ ___n
10	자유주의의	li___ ___ral
11	대포	c___ ___non
12	표면, 표층	su___ ___ace

B 다음 단어들의 뜻을 적어보세요.

1 protein _____

2 detach _____

3 surrender _____

4 cannon _____

5 apron _____

6 barley _____

7 liberal _____

8 demon _____

9 ceiling _____

10 surface _____

11 germ _____

12 oval _____

gender   성(性), 성별
[dʒéndər]

젠더(r) → 쟨 더 : 여자 아이가 남자 아기를 보고 "쟨 더 뭐가
달렸네." 하고 성별(gender)을 구별하다

성별

젠 더 뭐가
gender
달렸네?

dare   감히 ~하다
[deər]

데어(r) → 대어! : 선생님이 "감히~하다(dare)니 손 대어!" 하며
손바닥을 때리다

감히 말대꾸 하다니!
손 대어!
dare

hoop   둥근 테, (농구의) 링
[hu:p]

후~프 : 훌라후프(hulahoop)는 플라스틱으로 만든 둥근 테(hoop)

훌라후프
hoop

둥근테,링

razor 면도칼, 면도기
[réizər]

(r)레이(z)저(r) → laser(레이저) : 레이저 광선이 철판을 잘라내는 것과 같이 수염을 날카롭게 자르는 면도기(razor)

레이저
razor
같이 잘라내는

면도기

prove 입증하다
[pru:v]

프(r)루~(v)브 → 풀어봐 : 문제를 풀어봐서 결과를 입증하다 (prove)

문제를 **풀어봐**서 입증하다
prove

$\{(3\sqrt{xy}^2)+\alpha\pi+\lim(x^2+y^2)\}$
$\times \{2(2^z+4)-(72-36-20)\}$
$=$
답은 0

bump 부딪히다
[bʌmp]

범프 → 범퍼 : 차의 범퍼(bumper)에 부딪히다(bump)

차의 **범퍼**에 부딪히다
bump

6단어 복습하기

다음 만화, 단어, 뜻을 관련 있는 것끼리 선으로 이어보세요.

bump · · 입증하다

razor · · 부딪히다

gender · · 둥근 테, (농구의) 링

prove · · 성(性), 성별

dare · · 면도칼, 면도기

hoop · · 감히 ~하다

mummy 미라
[mʌ́mi]

머미 → 몸이 : 몸이 붕대로 칭칭 감긴 미라(mummy)

몸이 붕대로
mummy
칭칭 감긴 미라

territory 영토, 지역
[térətɔ̀ːri]

테(r)러토~(r)리 → 테러 터(땅)리 : 이 지역(territory)은 테러가 자주 일어나는 터리(땅이리)

테러가 일어나는 터(땅)리
territory

영토, 지역

familiar 친근한
[fəmíliər]

(f)퍼밀리어(r) → 패밀리(family)여 : "우리는 친근한(familiar) family(가족)여."

우리는 친근한
패밀리(family)여
familiar

conceited

[kənsíːtid] **자부심이 강한, 자만하는**

컨시~티드 → 큰 씨티(city)다 : 도시 쥐가 시골 쥐를 멋진 도시로 데려와 "이게 바로 큰 시티(city)다." 하고 자부하는(conceited)

device **장치**

[diváis]

디(v)바이스 → 뒤 바위 쓰 : 집 뒤에 있는 바위를 지붕이 바람에 날아가지 않도록 하는 장치(device)로 쓰다

bother **괴롭히다, 신경 쓰이게 하다**

[bάːðər]

바~(ð)더(r) → (술) 받어! : 술을 못 마시는 직원에게 직장 상사가 억지로 "술을 받어!" 하고 괴롭히다(bother)

6단어 복습하기

다음 만화, 단어, 뜻을 관련 있는 것끼리 선으로 이어보세요.

 • familiar • 괴롭히다,
신경 쓰이게 하다

 • mummy • 자부심이 강한,
자만하는

 • conceited • 미라

 • territory • 장치

 • device • 영토, 지역

 • bother • 친근한

A 한글 뜻을 보고 옆의 영어 단어 철자를 완성하세요.

1	면도칼, 면도기	ra___ ___r
2	성(性), 성별	g___ ___der
3	장치	dev___ ___e
4	부딪히다	___ump
5	둥근 테, (농구의) 링	h___ ___p
6	미라	m___ ___my
7	자부심이 강한, 자만하는	conc___ ___ted
8	괴롭히다, 신경 쓰이게 하다	bo___ ___er
9	입증하다	pr___ ___e
10	감히 ~하다	da___ ___
11	친근한	fam___ ___iar
12	영토, 지역	ter___ ___tory

B 다음 단어들의 뜻을 적어보세요.

1	bump	_____
2	device	_____
3	bother	_____
4	familiar	_____
5	razor	_____
6	conceited	_____
7	dare	_____
8	prove	_____
9	mummy	_____
10	territory	_____
11	gender	_____
12	hoop	_____

다음 단어들의 뜻을 적어 보세요.

31강

1	oyster		7	drift	
2	avenge		8	core	
3	breakdown		9	adore	
4	emerge		10	thorn	
5	politician		11	caution	
6	myth		12	sculpture	

32강

13	germ		19	ceiling	
14	liberal		20	surface	
15	oval		21	cannon	
16	apron		22	barley	
17	demon		23	detach	
18	protein		24	surrender	

33강

25	gender		31	mummy	
26	dare		32	territory	
27	hoop		33	familiar	
28	razor		34	conceited	
29	prove		35	device	
30	bump		36	bother	

31~33강 전체 복습 정답

oyster 굴

avenge 복수하다

breakdown 고장, 파손

emerge
(물속·어둠 속 등에서) 나오다

politician 정치가

myth 신화

drift 떠가다

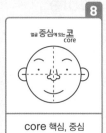
core 핵심, 중심

adore
숭배하다, 동경하다

thorn (식물의) 가시

caution 조심, 경고

sculpture 조각품

germ 세균

liberal 자유주의의

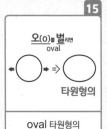
oval 타원형의

apron 앞치마

demon 악마, 귀신

protein 단백질

ceiling 천장

surface 표면, 표층

cannon 대포

barley 보리

detach 떼어내다

surrender 항복하다

gender 성(性), 성별

dare 감히 ~하다

hoop
둥근 테, (농구의) 링

razor 면도칼, 면도기

prove 입증하다

bump 부딪히다

mummy 미라

territory 영토, 지역

familiar 친근한

conceited
자부심이 강한, 사반하는

dovicc 장치

bother
괴롭히다, 신경 쓰이게 하다

266

경선식 영단어

broom 빗자루
[bru:m]

브(r)루~ㅁ → 부릉 : 아이들이 빗자루(broom)를 타고 "부릉부릉!" 하며 놀다

부릉 부릉~
broom

빗자루

shovel 삽
[ʃʌ́vl]

(ʃ)셔(v)블 → 삽을 : 삽(shovel)을 이용해 파다

삽을 이용하여 파다
shovel

assume 추정하다
[əsú:m]

어수~ㅁ → 어슴(프레) : 어슴푸레하게 추정하다(assume)

어슴푸레 추정하다
assume

?

buddy   친구, 여보게
[bʌ́di]

여보게, 친구!
벗이
buddy

버디 → 벗이 : 나의 벗이(친구가) "여보게(buddy)." 하며 부르다

belly   배, 복부
[béli]

←배,복부
벨리 댄스
belly

벨리 → 벨리 댄스(belly dance)는 배(belly)를 움직여 추는 춤

gain   얻다, 획득하다
[gein]

개를 얻다
개가 in(안에)
gain
들어오다

게인 → 개 in : 길 잃은 개가 집안으로(in) 들어와 그 개를 얻다 (gain)

다음 만화, 단어, 뜻을 관련 있는 것끼리 선으로 이어보세요.

• assume • • 삽

• shovel • • 친구, 여보게

• belly • • 빗자루

• broom • • 추정하다

• buddy • • 얻다, 획득하다

• gain • • 배, 복부

obey 복종하다
[əbéi]

어_{칼에} 베일것 같아
obey

복종하다

어베이 → 어! 베이(베이다) : "어! 강도가 들고 있는 칼에 베일 것 같아." 하며 강도에게 복종하다(obey)

_____ _____
- - - - - - - - - - - - - - - - - - - - - - - - - -
_____ _____
- - - - - - - - - - - - - - - - - - - - - - - - - -
_____ _____

mass 큰 덩어리, 많은 양
[mæs]

많은 양_의 큰 쇳 덩어리 맸으
mass

매스 → 맸어 : 죄수의 발에 많은 양(mass)의 큰 쇳덩어리(mass)를 맸어

_____ _____
- - - - - - - - - - - - - - - - - - - - - - - - - -
_____ _____
- - - - - - - - - - - - - - - - - - - - - - - - - -
_____ _____

mount (산·말 등에) 오르다;
[maunt] 산(줄여서 Mt.로 씀)

마운틴
mount

산_에 오르다

마운트 → 마운틴(mountain : 산) : 산(mountain)에 오르다 (mount)

_____ _____
- - - - - - - - - - - - - - - - - - - - - - - - - -
_____ _____
- - - - - - - - - - - - - - - - - - - - - - - - - -
_____ _____

howl 울부짖다
[haul]

하울 → 아우~울 : 늑대가 "아우~울" 하고 울부짖다(howl)

아우~울
howl

울부짖다

burden 무거운 짐, 부담
[bə́ːrdn]

버~(r)든 → 뭐(부어서) 든 : 큰 항아리에 물을 부어서 든 무거운 짐 (burden)

무거운 짐

물을
뭐서든
burden

diverse 다양한, 가지각색의
[daivə́ːrs]

다이(v)버~(r)스 → 다 입었으 : 도심지에서는 사람들이 가지각색의(diverse) 옷을 다 입었어

가지각색의옷을 다 입었으
diverse

다음 만화, 단어, 뜻을 관련 있는 것끼리 선으로 이어보세요.

● mass ●

● 다양한,
가지각색의

● howl ●

● 무거운 짐, 부담

● obey ●

● 큰 덩어리,
많은 양

● mount ●

● 울부짖다

● diverse ●

● 복종하다

● burden ●

● (산·말 등에)
오르다; 산

A 한글 뜻을 보고 옆의 영어 단어 철자를 완성하세요.

1	친구, 여보게	b___ ___dy
2	빗자루	br___ ___m
3	무거운 짐, 부담	bu___ ___en
4	얻다, 획득하다	___ain
5	추정하다	as___ ___me
6	복종하다	ob___ ___
7	울부짖다	h___ ___l
8	다양한, 가지각색의	di___ ___rse
9	배, 복부	___ ___lly
10	삽	sho___ ___l
11	(산·말 등에) 오르다; 산	mo___ ___t
12	큰 덩어리, 많은 양	m___ss

B 다음 단어들의 뜻을 적어보세요.

1	gain
2	burden
3	diverse
4	mount
5	buddy
6	howl
7	shovel
8	belly
9	obey
10	mass
11	broom
12	assume

chat 잡담하다
[tʃæt]

췌트 → 채팅 : 인터넷에서 채팅(chatting)이란 잡담하는(chat) 것

인터넷 **채팅(chat)**

안녕하세요

하이루~

반가워요!

잡담하다

---

mirror 거울
[mírər]

미(r)러(r) : 자동차 백미러(back mirror)란 뒤(back)를 보기 위한 거울(mirror)

백미러 :
back mirror
뒤(back)를 보기위한 **거울**

---

guard 지키다; 경비원
[gɑ:rd]

가~(r)드 : 보디가드(bodyguard)란 body(몸) + guard(지키다)

보디가드
body(몸)+guard(지키다)

---

stretch 뻗치다, 늘이다
[stretʃ]

스트(r)레춰 → 스트레칭(stretching)이란 몸을 쭉 펴는(stretch) 동작

스트레칭
stretch

펴다

roll 회전하다
[roul]

(r)로울 : 롤러 스케이트(roller skate)는 회전하는(roll) 바퀴가 달린 스케이트

롤러 스케이트
roll

회전하다

fin 지느러미
[fin]

(f)핀 : 샥스핀(shark's fin)이란 상어(shark)의 지느러미(fin)로 만든 요리

샥스핀
shark's fin

상어 지느러미

다음 만화, 단어, 뜻을 관련 있는 것끼리 선으로 이어보세요.

fin

roll

mirror

stretch

chat

guard

지키다; 경비원

거울

회전하다

잡담하다

뻗치다, 늘이다

지느러미

contact 접촉, 연락
[kάːntækt]

카~ㄴ택트 → 콘택트 : 콘택트렌즈(contact lens)란 눈에 직접 접촉 (contact)하는 렌즈

콘택트렌즈
contact

눈에 직접 **접촉**

rent (집·차·땅 등을)
빌리다, 빌려주다
[rent]

(r)렌트 → 렌트 : 렌터카(rent-a-car)란 빌리는(rent) 차

빌리다

렌트카
rent-a-car

boil 끓이다
[bɔil]

보일 → 보일 : 보일러(boiler)란 물을 끓여서(boil) 방을 따뜻하게 하는 것으로 boil(끓이다) + er(~것)

보일러
boil(끓이다)+er(~것)

manage 경영하다, 관리하다
[mǽnidʒ]

> 매니쥐 → 매니쥐 : 매니저(manager)란 manage(경영하다, 관리하다) + er(~사람) *manager 경영자, 관리자

매니저
manage(경영·관리하다)
+er(사람)

fair 공정한; 정정당당히
[feər]

> (f)페어(r) : 페어플레이(fair play)란 정정당당한, 즉 공정한(fair) 플레이

페어플레이
fair
공정한

dive 잠수하다
[daiv]

> 다이(v)브 : 다이빙(diving: 잠수)의 동사형

dive 잠수하다

6단어 복습하기

다음 만화, 단어, 뜻을 관련 있는 것끼리 선으로 이어보세요.

dive

공정한;
정정당당히

manage

잠수하다

contact

끓이다

fair

접촉, 연락

rent

경영하다,
관리하다

boil

(집·차·땅 등을)
빌리다, 빌려주다

A 한글 뜻을 보고 옆의 영어 단어 철자를 완성하세요.

1	뻗치다, 늘이다	st___ ___tch
2	잡담하다	ch__t
3	공정한; 정정당당히	___air
4	지느러미	f___ ___
5	지키다; 경비원	gu___ ___d
6	접촉, 연락	c___ ___tact
7	경영하다, 관리하다	ma___ ___ge
8	잠수하다	d___ ___e
9	회전하다	r___ll
10	거울	mi___ ___or
11	끓이다	bo___ ___
12	(집·차·땅 등을) 빌리다, 빌려주다	___ ___nt

B 다음 단어들의 뜻을 적어보세요.

1	fin	
2	fair	
3	dive	
4	boil	
5	stretch	
6	manage	
7	mirror	
8	roll	
9	contact	
10	rent	
11	chat	
12	guard	

wrap 싸다, 포장하다
[ræp]

(r)랩 → 랩 : 음식을 투명한 비닐랩으로 싸다(wrap)

pack 꾸러미, 포장
[pæk]

팩 → 팩 : 우유나 기저귀 한 팩, 두 팩 이라고 말할 때 팩은 한 꾸러미 (pack)를 뜻한다. *package 꾸러미, 포장한 상품

dump (쓰레기 따위를) 내버리다
[dʌmp]

덤프 : 덤프트럭(dump truck)은 짐을 싣고 한꺼번에 쏟아 내버리는 (dump) 트럭

talent
[tǽlənt]

재주,
재능 있는 사람

탤런트 → 탤런트 : 탤런트는 연기, 노래 등 재주(talent)가 많은 사람

탤런트 : 재주가 많은 사람
talent

report
[ripɔ́:rt]

보고하다; 보고서

(r)리포~(r)트 : 뉴스 리포터(reporter)란 뉴스를 보고하는 (report) 사람

보고하다

리포터
report

propose
[prəpóuz]

제안하다,
청혼하다

프(r)러포우(z)즈 → 프로포즈 : 프로포즈를 한다는 것은 결혼을 제안하는(propose) 것

프로포즈
propose

결혼을 제안하다

다음 만화, 단어, 뜻을 관련 있는 것끼리 선으로 이어보세요.

report

propose

dump

wrap

talent

pack

(쓰레기 따위를)
내버리다

싸다,
포장하다

재주,
재능 있는 사람

꾸러미, 포장

보고하다; 보고서

제안하다,
청혼하다

extra 여분의; 여분으로
[ékstrə]

엑스트(r)러 → 엑스트라 : 영화에서 엑스트라는 주인공이 아니라 여분으로(extra) 고용되어 출연하는 사람

엑스트라:여분의 배우
extra

주인공

classic 고전적인
[klǽsik]

클래시크 : 클래식 음악이란 고전적인(classic) 음악

클래식 음악
classic

고전적인

tie 묶다; 묶는 끈
[tai]

타이 : 넥타이(necktie)는 목(neck) + 묶는 끈(tie)

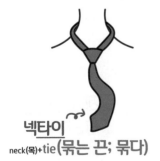

넥타이
neck(목)+tie (묶는 끈; 묶다)

284 경선식 영단어

law 법, 법률
[lɔ:]

로~ : 로스쿨(law school)이란 법(law) + school(학교)

로스쿨
law(법) + school(학교)
변호사나 판·검사가 되기 위한 학교

heel 뒤꿈치, 뒤축
[hi:l]

히~ㄹ → 힐 : 하이힐(high-heel)이란 뒤꿈치(heel)가 높은(high) 구두

하이힐
high(높은)+heel(뒤꿈치)

survive 생존하다, 살아남다
[sərváiv]

서(r)(v)바이(v)브 : 서바이벌(survival : 살아남음) 게임은 전쟁놀이에서 살아남는(survive) 게임

살아남다

서바이벌
survive
게임

다음 만화, 단어, 뜻을 관련 있는 것끼리 선으로 이어보세요.

tie

extra

law

classic

heel

survive

생존하다, 살아남다

묶다; 묶는 끈

여분의; 여분으로

뒤꿈치, 뒤축

고전적인

법, 법률

A 한글 뜻을 보고 옆의 영어 단어 철자를 완성하세요.

1 재주, 재능 있는 사람　　ta___ ___nt
2 싸다, 포장하다　　wr___ ___
3 뒤꿈치, 뒤축　　h___ ___l
4 제안하다, 청혼하다　　prop___ ___e
5 (쓰레기 따위를) 내버리다　　___ump
6 여분의; 여분으로　　ex___ ___a
7 법, 법률　　l___ ___
8 생존하다, 살아남다　　su___ ___ive
9 보고하다; 보고서　　re___ ___rt
10 꾸러미, 포장　　___ ___ck
11 묶다; 묶는 끈　　___ie
12 고전적인　　cl___ ___sic

B 다음 단어들의 뜻을 적어보세요.

1 propose _____
2 heel _____
3 survive _____
4 tie _____
5 talent _____
6 law _____
7 pack _____
8 report _____
9 extra _____
10 classic _____
11 wrap _____
12 dump _____

34~36강 전체 복습

다음 단어들의 뜻을 적어 보세요.

34강

1	broom	_____	7	obey	_____
2	shovel	_____	8	mass	_____
3	assume	_____	9	mount	_____
4	buddy	_____	10	howl	_____
5	belly	_____	11	burden	_____
6	gain	_____	12	diverse	_____

35강

13	chat	_____	19	contact	_____
14	mirror	_____	20	rent	_____
15	guard	_____	21	boil	_____
16	stretch	_____	22	manage	_____
17	roll	_____	23	fair	_____
18	fin	_____	24	dive	_____

36강

25	wrap	_____	31	extra	_____
26	pack	_____	32	classic	_____
27	dump	_____	33	tie	_____
28	talent	_____	34	law	_____
29	report	_____	35	heel	_____
30	propose	_____	36	survive	_____

34~36강 전체 복습 정답

1 broom 빗자루

2 shovel 삽

3 assume 추정하다

4 buddy 친구, 여보게

5 belly 배, 복부

6 gain 얻다, 획득하다

7 obey 복종하다

8 mass 큰 덩어리, 많은 양

9 mount (산·말 등에) 오르다; 산 (줄여서 Mt.로 씀)

10 howl 울부짖다

11 burden 무거운 짐, 부담

12 diverse 다양한, 가지각색의

13 chat 잡담하다

14 mirror 거울

15 guard 지키다; 경비원

16 stretch 뻗치다, 늘이다

17 roll 회전하다

18 fin 지느러미

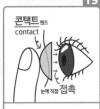

19 contact 접촉, 연락

20 rent (집·차·땅 등을) 빌리다, 빌려주다

21 boil 끓이다

22 manage 경영하다, 관리하다

23 fair 공정한; 정정당당히

24 dive 잠수하다

25 wrap 싸다, 포장하다

26 pack 꾸러미, 포장

27 dump (쓰레기 따위를) 내버리다

28 talent 재주, 재능 있는 사람

29 report 보고하다; 보고서

30 propose 제안하다, 청혼하다

31 extra 여분의; 여분으로

32 classic 고전적인

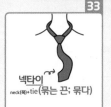

33 tie 묶다; 묶는 끈

34 law 법, 법률

35 heel 뒤꿈치, 뒤축

36 survive 생존하다, 살아남다

19강

1 tidy _____
2 route _____
3 narration _____
4 footprint _____
5 conflict _____
6 offer _____
7 acid _____
8 false _____
9 fat _____
10 combination _____
11 solution _____
12 holy _____

20강

1 edge _____
2 pray _____
3 overcome _____
4 devote _____
5 settle _____
6 block _____
7 bravery _____
8 extent _____
9 instruct _____
10 neat _____
11 dull _____
12 apart _____

21강

1 fasten _____
2 satellite _____
3 detail _____
4 clue _____
5 pour _____
6 measure _____
7 wander _____
8 spoil _____
9 negative _____
10 evidence _____
11 journey _____
12 annoy _____

22강

1 sigh _____
2 pulse _____
3 scream _____
4 locate _____
5 defense _____
6 conduct _____
7 peninsula _____
8 endure _____
9 scene _____
10 violence _____
11 Buddhist _____
12 eraser _____

23강

1 decorate _____
2 frequent _____
3 otherwise _____
4 contaminate _____
5 cemetery _____
6 circumstance _____
7 urgent _____
8 raft _____
9 guilty _____
10 blossom _____
11 ruler _____
12 ruler _____

24강

1 immediate _____
2 destination _____
3 trace _____
4 author _____
5 permanent _____
6 original _____
7 share _____
8 diameter _____
9 critical _____
10 prosper _____
11 mission _____
12 impossible _____

25강

1 threat _____
2 property _____
3 according to _____
4 murder _____
5 appeal _____
6 atmosphere _____
7 voyage _____
8 suspicious _____
9 leap _____
10 leak _____
11 merchandise _____
12 merchant _____

26강

1 gravity _____
2 crosswalk _____
3 ethnic _____
4 curriculum _____
5 navigation _____
6 burst _____
7 sweep _____
8 contrary _____
9 disgust _____
10 greed _____
11 desert _____
12 desert _____

27강

1 suck _____
2 canyon _____
3 fume _____
4 terrific _____
5 ray _____
6 drip _____
7 rage _____
8 soak _____
9 attorney _____
10 donation _____
11 flaw _____
12 drag _____

28강

1 eternal _____
2 witch _____
3 frost _____
4 flee _____
5 scar _____
6 woe _____
7 reap _____
8 store _____
9 tend _____
10 connect _____
11 delete _____
12 commercial _____

29강

1 nod _____
2 physician _____
3 domestic _____
4 nervous _____
5 board _____
6 aboard _____
7 arms _____
8 idol _____
9 rural _____
10 cease _____
11 outstanding _____
12 fascinate _____

30강

1 obstacle _____
2 neither _____
3 meadow _____
4 split _____
5 metro _____
6 bay _____
7 drought _____
8 candidate _____
9 pub _____
10 escalate _____
11 comet _____
12 offend _____

31강

1 oyster _____
2 avenge _____
3 breakdown _____
4 emerge _____
5 politician _____
6 myth _____
7 drift _____
8 core _____
9 adore _____
10 thorn _____
11 caution _____
12 sculpture _____

32강

1 germ _____
2 liberal _____
3 oval _____
4 apron _____
5 demon _____
6 protein _____
7 ceiling _____
8 surface _____
9 cannon _____
10 barley _____
11 detach _____
12 surrender _____

33강

1 gender _____
2 dare _____
3 hoop _____
4 razor _____
5 prove _____
6 bump _____
7 mummy _____
8 territory _____
9 familiar _____
10 conceited _____
11 device _____
12 bother _____

34강

1 broom _____
2 shovel _____
3 assume _____
4 buddy _____
5 belly _____
6 gain _____
7 obey _____
8 mass _____
9 mount _____
10 howl _____
11 burden _____
12 diverse _____

35강

1 chat _____
2 mirror _____
3 guard _____
4 stretch _____
5 roll _____
6 fin _____
7 contact _____
8 rent _____
9 boil _____
10 manage _____
11 fair _____
12 dive _____

36강

1 wrap _____
2 pack _____
3 dump _____
4 talent _____
5 report _____
6 propose _____
7 extra _____
8 classic _____
9 tie _____
10 law _____
11 heel _____
12 survive _____

다시 복습 정답 》

┌─ **정답** ─

- **1강** 1 판사; 판단하다 2 꼭대기, 최고점 3 갈고리 4 파다 5 묘지 6 흙, 땅 7 분리하다 8 문법 9 (식물의) 싹 10 요정 11 쫓다, 추적하다 12 멍

- **2강** 1 교도소 2 느슨하게 하다, 풀다 3 방향 4 도끼 5 끈, 실 6 미끄러지다 7 달의, 음력의 8 음료 9 고요한, 평온한 10 (돈을) 벌다 11 굴뚝 12 손바닥

- **3강** 1 간절히 바라는, 열망하는 2 같은, 동등한 3 주름 4 간지럽게 하다 5 유일한, 독특한 6 ~을 알고 있는 7 오두막 8 남자, 수컷; 남자의 9 여성, 암컷; 여성의 10 곡조, 멜로디 11 시험 12 양, 총액

- **4강** 1 몹시 추운 2 불꽃, 화염 3 상처를 입히다 4 지구의, 세계적인 5 더하다, 추가하다 6 노력 7 접근하다 8 의미하다 9 친구 10 찾다 11 온도계 12 지식

- **5강** 1 폭탄 2 오두막 3 돼지고기 4 참여하다 5 곤충 6 손뼉을 치다 7 연료 8 알아차리다 9 퍼뜨리다 10 썰매 11 유행 12 신맛이 나는

- **6강** 1 귀가 먹은, 청각 장애가 있는 2 건설하다 3 1. 나타나다 2. ~처럼 보이다 4 병, 질병 5 별명, 애칭 6 추천하다 7 임신한 8 의학의 9 악 10 기념일 11 수확, 추수 12 (손목·발목 등을) 삐다

- **7강** 1 쌀쌀한; 냉기 2 한계; 한정하다 3 전통 4 (여행의) 수하물, 짐 5 실내의 6 집밖의, 야외의 7 적당한, 적절한 8 접착제, 풀 9 1. (가수·영화 등의) 팬 2. 부채, 선풍기 10 뭐라고요? (다시 말해달라는 뜻으로 쓰는 말) 11 증가하다; 증가 12 직업, 일

- **8강** 1 무시하다 2 부드러운, 온화한 3 발견하다 4 속이다 5 1. 변하다, 바꾸다 2. 잔돈 6 실제로, 사실은 7 근원, 원천 8 성취하다 9 대부분 10 가치 11 거짓말; 거짓말하다 12 눕다, 누워있다

- **9강** 1 점; 점을 찍다 2 경치 3 선거 4 주요한 5 중요치 않은, 작은 6 대부분 7 (속에) 담고 있다 8 자유 9 음식을 먹이다 10 투표하다; 투표 11 들어 올리다 12 요금

- **10강** 1 겁쟁이 2 사다, 구입하다 3 1. 인내심이 강한 2. 환자 4 농작물 5 규칙, 규정 6 육체의 7 차량 8 농업 9 돕다; 도움 10 붙이다 11 눈물 12 대학교

- **11강** 1 1. 구리 2. 동전 2 짐승 3 불평하다 4 거대한 5 졸업 6 금속 7 산업 8 출구 9 찾다, 수색하다 10 온도 11 기쁨 12 일몰

- **12강** 1 악마 2 받아들이다 3 밑바닥 4 추측하다, 생각하다 5 거의 없는, 소수의 6 허락하다 7 불쌍히 여김 8 축복하다 9 교육 10 지역 11 해파리 12 불가사리

- **13강** 1 강도질, 강탈 2 구역, 지역 3 배경 4 특별한, 특이한 5 빌려주다 6 정확하게 7 비상사태 8 의존하다 9 손위의, 나이가 더 많은 10 끔찍한, 심한 11 뺨, 볼 12 필요한

- **14강** 1 피하다 2 마음에 드는, 매우 좋아하는 3 바라다; 바람 4 일반적인 5 파괴하다 6 파괴 7 무서운 8 의심; 의심하다 9 ~의 사이에 10 벌을 주다 11 1. 손잡이 2. 다루다, 처리하다 12 기회

- **15강** 1 도랑 2 가지런히 배열하다 3 엄격한 4 가라앉다 5 대륙 6 전형적인, 대표하는 7 범위, 구역 8 발전하다, 진화하다 9 천재, 천재적 재능 10 침략하다, 침입하다 11 중심가, 도심지, 상가 12 도시의 주택가

- **16강** 1 사악한 2 겨누다; 목표 3 화살 4 대중; 일반인의 5 고용하다 6 덫, 함정 7 향기, 냄새 8 교과서 9 질투심 많은, 시기하는 10 성인 11 내용물 12 만족한

- **17강** 1 자원봉사자 2 (큰) 슬픔 3 열, 줄 4 약간의, 경미한 5 평평한, 납작한 6 맹세하다 7 설득하다 8 ~에 속하다 9 나누다, 쪼개다 10 얼굴의 생김새, 용모 11 항구 12 걱정스러운, 염려하는

- **18강** 1 이혼 2 가볍게 두드리다 3 (치수·타입 등이) 들어맞다 4 창피한, 부끄러운 5 반대하다 6 (경기·대회 등의) 상대, 반대자 7 닦다 8 식료품류, 식품점 9 일, 임무 10 경사면, 비탈 11 병, 통, 단지 12 윤곽

정답

- **19강** 1 단정한, 깔끔한 2 길, 노선 3 이야기, 서술 4 발자국 5 싸움, 대립; 싸우다 6 1. 제공하다 2. 제안하다; 제안 7 신, 신맛의 8 그릇된, 틀린 9 살찐 10 결합, 조합 11 해결, 해답 12 신성한, 성스러운

- **20강** 1 모서리, 끝 2 빌다, 기원하다 3 극복하다 4 헌신하다 5 1. 정착하다 2. 해결하다 6 1. 막다, 봉쇄하다 2. 건물 한 덩어리(한 구획, 블록) 7 용기 8 범위, 넓이 9 가르치다, 교육하다 10 산뜻한, 깔끔한 11 따분한, 재미없는 12 따로, 떨어져서

- **21강** 1 묶다, (안전띠 등을) 채우다 2 위성, 인공위성 3 세부사항; 상세히 설명하다 4 실마리, 단서 5 따르다, 붓다 6 측정하다 7 헤매다, 떠돌아 다니다 8 망치다 9 부정적인 10 증거 11 여행 12 괴롭히다, 성가시게 굴다

- **22강** 1 한숨 쉬다; 한숨 2 맥박, 진동 3 소리치다, 비명을 지르다 4 ~에 위치시키다, 위치를 찾아내다 5 방어, 수비 6 1. 행동하다 2. 지도하다 7 반도 8 견디다, 참다 9 장면 10 폭력, 폭행 11 불교도, 불교신자 12 지우개

- **23강** 1 장식하다 2 자주 일어나는, 빈번한 3 (만약) 그렇지 않으면 4 오염시키다, 더럽히다 5 공동묘지 6 환경 7 긴급한 8 뗏목, 고무보트 9 유죄의, 죄책감이 드는 10 꽃; 꽃을 피우다 11 지배자 12 자

- **24강** 1 즉시의, 당장의 2 목적지, 목표 3 자취; 추적하다 4 저자, 작가 5 영구적인, 불변의 6 최초의, 본래의 7 몫; 나눠 갖다 8 지름 9 비판적인 10 번영하다 11 임무, 직무 12 불가능한

- **25강** 1 위협, 협박 2 재산 3 ~에 따라, ~에 의하면 4 살인; 살해하다 5 간청하다 6 분위기 7 항해, 여행 8 의심스러운 9 뛰어 오르다 10 (기체·액체 등이) 새다; 누출 11 상품, 제품 12 상인

- **26강** 1 중력, 인력 2 횡단보도 3 민족의 4 교과과정 5 (배·항공기의) 항해, 운항 6 폭발하다, 터지다 7 쓸다, 청소하다 8 반대의; 정반대 9 역겨움, 혐오감 10 욕심, 탐욕 11 사막 12 (도와주지 않고) 버리다

- **27강** 1 빨다, 빨아들이다 2 깊은 협곡, 골짜기 3 연기; 연기나다 4 굉장한, 무시무시한 5 광선, 빛 6 (액체가) 뚝뚝 떨어지다 7 분노; 분노하다 8 담그다, 흠뻑 젖다 9 변호사 10 기부 11 흠, 결점 12 끌다, 끌고 가다

- **28강** 1 영원한, 변함없는 2 마녀 3 서리, 성에 4 달아나다 5 상처, 흉터 6 고통, 비통 7 수확하다 8 1. 가게 2. 저장하다 9 ~하는 경향이 있다 10 연결하다, 연결되다 11 삭제하다, 지우다 12 상업의

- **29강** 1 (머리를) 끄덕이다 2 의사 3 국내의, 집안의 4 불안해하는 5 1. 판자 2. (차·배·비행기 등을) 타다 6 (배·비행기·기차 등에) 타고, 탑승하여 7 무기 8 우상 9 시골의 10 중지하다 11 눈에 띄는, 뛰어난 12 매혹하다, 넋을 빼앗다

- **30강** 1 방해, 장애물 2 (둘 중에서) ~쪽도 아니다 3 목초지, 초원 4 쪼개다, 나누다 5 1. 지하철 2. 수도, 대도시 6 (작은) 만(바다가 육지 속으로 쑥 들어온 곳) 7 가뭄 8 후보자, 지원자 9 술집 10 증가하다, 오르다 11 혜성 12 화나게 하다

- **31강** 1 굴 2 복수하다 3 고장, 파손 4 (물속·어둠 속 등에서) 나오다 5 정치가 6 신화 7 떠가다 8 핵심, 중심 9 숭배하다, 동경하다 10 (식물의) 가시 11 조심, 경고 12 조각품

- **32강** 1 세균 2 자유주의의 3 타원형의 4 앞치마 5 악마, 귀신 6 단백질 7 천장 8 표면, 표층 9 대포 10 보리 11 떼어내다 12 항복하다

- **33강** 1 성(性), 성별 2 감히 ~하다 3 둥근 테, (농구의) 링 4 면도칼, 면도기 5 입증하다 6 부딪히다 7 미라 8 영토, 지역 9 친근한 10 자부심이 강한, 자만하는 11 장치 12 괴롭히다, 신경 쓰이게 하다

- **34강** 1 빗자루 2 삽 3 추정하다 4 친구, 여보게 5 배, 복부 6 얻다, 획득하다 7 복종하다 8 큰 덩어리, 많은 양 9 (산·말 등에) 오르다; 산(줄여서 Mt.로 씀) 10 울부짖다 11 무거운 짐, 부담 12 다양한, 가지각색의

- **35강** 1 잡담하다 2 거울 3 지키다; 경비원 4 뻗치다, 늘이다 5 회전하다 6 지느러미 7 접촉, 연락 8 (집·차·땅 등을) 빌리다, 빌려주다 9 끓이다 10 경영하다, 관리하다 11 공정한; 정정당당히 12 잠수하다

- **36강** 1 싸다, 포장하다 2 꾸러미, 포장 3 (쓰레기 따위를) 내버리다 4 재주, 재능 있는 사람 5 보고하다; 보고서 6 제안하다, 청혼하다 7 여분의; 여분으로 8 고전적인 9 묶다; 묶는 끈 10 법, 법률 11 뒤꿈치, 뒤축 12 생존하다, 살아남다

memo

during
[djúərin]

~ 동안, ~ 중에도

> 듀어(r)링 → 두어 ring(반지) : 손을 씻는 동안에는(during) ring(반지)을 빼서 선반에 두어라

cross
[krɔ:s]

가로지르다, 건너다

> 크(r)로~스 : 축구에서 가로로 가로질러(cross) 패스하는 크로스패스(cross pass)

cloth
[klɔ:θ]

천, 옷감

> 클로~(θ)쓰 : clothes(옷)를 만드는 cloth(옷감, 천)

across
[əkrɔ́:s]

가로질러, 건너서

> 어크(r)로스 → a + cross(가로지르다) : 가로질러(across)

airline
[éəlain]

항공사

> 에어라인 → air(공기) + line(줄, 선) : 공기(air) 중에 한 줄(line)로 비행기를 보내는 항공사(airline)

airport
[éəpɔ:rt]

공항

> 에어포~(r)트 → air(공기, 하늘) + port(항구) : 하늘(air)에 있는 비행기들이 정박하는 항구(port)인 공항(airport)

brush
[brʌʃ]

빗질하다, 솔질하다; 빗, 솔

> 브(r)러쉬 → 불어 she(그녀) : 불어오는 선풍기 바람에 그녀(she)가
> 머리를 말리며 빗질하다(brush)
> *hairbrush 머리빗 hair(머리털) + brush(빗)
> *toothbrush 칫솔 tooth(이, 치아) + brush(솔)

form
[fɔːrm]

형태; 형성하다

> (f)포~(r)엄 → 폼 : 사진 찍을 때 폼을 잡는 것은 어떤 형태(form)를 취하는
> 것

kite
[kait]

연

> 카이트 → (스)카이(sky: 하늘) 뜨 : 스카이(하늘)에 뜨게 하는 연(kite)

noon
[nuːn]

정오

> 누~ㄴ → 눈 : afternoon(오후)은 12시 정오(noon) 후에(after) 이어지는
> 시간

space
[speis]

공간, 우주

> 스페이스 → 숲에 있어 : 짐승들이 살 공간(space)이 숲에 있어. 그리고 가장
> 큰 공간(space)인 우주(space)

tight
[tait]

꽉 조여진, 빈틈없는

> 타이트 → (넥)타이 트(트다) : 빈틈없이 꽉 조여(tight) 있는 넥타이를 풀어서
> 트다

above	위에, ~보다 위에	elementary	초등의
academy	학원	example	예, 본보기
accident	사고, 교통사고	fantastic	환상적인, 멋진
advise	조언하다, 권하다	fever	열, 고열
afraid	두려운, 무서워하는	flag	국기, 깃발
		focus	집중하다
ahead	앞서, 앞에	forest	숲, 산림
almost	거의, 대부분	forever	영원히
already	이미, 벌써	gift	선물
alright	좋아, 알았어	gray/grey	회색
ant	개미	however	그러나, 하지만
area	지역	hunt	사냥하다
aunt	이모, 고모	introduce	소개하다
basic	기초의, 기본적인	invite	초대하다, 초청하다
balloon	풍선, 기구		
beef	쇠고기	library	도서관, 서재
below	아래에	map	지도
bill	영수증, 지폐	might	~일지도 모른다
bite	물다	present	현재
blood	혈액, 피	restroom	화장실
bone	뼈	return	돌아오다, 복귀하다
bowl	그릇		
brain	뇌, 두뇌	roof	지붕, 옥상
bright	밝은, 영리한	save	구하다, 절약하다
calendar	달력, 일정	should	~해야 한다
captain	선장, 대장	science	과학
case	1.경우 2.상자	thirst	갈증, 갈망
cinema	영화관, 영화	train	훈련하다, 교육하다
clerk	직원, 점원		
clever	영리한, 똑똑한	ugly	추한, 불쾌한
collect	모으다, 수집하다		
college	대학		
congratulate	축하하다, 경축하다		
copy	복사하다; 사본		
crowd	군중; 붐비다		
crown	관, 왕관		
curious	궁금한, 알고 싶은		
customer	고객, 소비자		
cycle	주기, 사이클		
dialog/dialogue	대화		

INDEX

초단기 암기 100% 리얼 후기

[중학 1300단어 1일 완성] "30% 정도 밖에 몰랐던 중학영단어를 1일만에 100% 암기했어요" (양지민)

처음 알고 있던 단어는 30% 정도 밖에 안됐는데 1일만에 중학영단어를 100% 암기했어요 선생님의 목소리를 통해서 또 그림을 통해서 설명해주시기 때문에 단어를 암기할 때 머리 속에 오래 기억이 남았어요 강의 중간에 복습을 시켜주셔서 암기가 더 잘 됐던 것 같습니다. 재미있는 연상법들 덕분에 자신감도 생기고 영어공부가 즐겁게 느껴져요.

▶ 1일완성 다음날 회사 방문하여, 무작위로 추출한 100단어 TEST에서 100점

[중학 1300단어 2일 완성] "한 강에 15분 씩, 2일이면 가능해요. 다음날도 까먹지 않고 오래 기억나요" (장미혜)

원래 알고 있던 단어는 200개 정도였는데 강의 수강하면서 이틀 만에 2000개의 단어를 암기했어요. 2배속으로 한번에 20강씩 했고 한 강에 15분 정도 걸렸어요. 쓰면서 할 때는 다음날 바로 까먹었는데 지금은 선생님 동작을 따라 하면 그 장면이 신기하게 다 기억나요. 그러면서 단어랑 뜻이 동시에 생각나요. 선생님이 원어민처럼 발음 교정 해주셔서 안 헷갈리고 오히려 더 좋아졌어요.

▶ 2일완성 다음날 회사 방문하여, 무작위로 추출한 100단어 TEST에서 100점

[수능 2900단어 4일 완성] "연상법은 발음과 뜻을 연결 시키기 때문에 외우기 쉽고 잊어버리지 않아요" (정한교)

4일 완강을 목표로 1.8배속으로 수강하며 누적복습을 했습니다. 강의 덕분에 4일 완성이 가능했어요. 선생님이 연상법을 생생하게 설명해 주셔서 쉽게 이해가 되었습니다. 처음에는 주위에서 연상법에 대한 부정적인 말들이 많았는데 막상 해보니 연상법이 발음과도 연관이 있고 단어의 의미와 연관이 있기 때문에 외우기 수월하고 쉽게 잊어버리지 않았습니다. 게다가 발음도 정확하게 알게 되어 많은 도움이 되었습니다. 예전에는 쓰면서 암기하니 계속 까먹고 다시 외우고 하는 시간이 너무 많이 걸렸는데 선생님의 연상법으로 하니 적은 시간 안에 많은 단어를 외우게 됐습니다.

▶ 4일완성 다음날 회사 방문하여, 무작위로 추출한 100단어 TEST에서 100점

[수능 2900단어 5일 완성] "강의에서 복습을 계속 해주시니깐 암기효과가 더 컸던 것 같아요" (김민서)

5일 동안 하루 종일 강의와 책만 보고 단어를 외웠습니다. 의지를 가지고 열심히 하니 5일만에 암기가 가능했고요, 빠른 배속으로 인강을 들으며 mp3 자료를 자투리 시간에 많이 활용했습니다. 단기 완성이 가능했던 이유는 선생님이 알기 쉽게 발음을 이용하여서 풀이를 해주는데 그 풀이가 정말 제 귀에 쏙쏙 들어왔고 강의 중간중간 복습도 계속 해주셔서 단어를 안 까먹고 머리 속에 집어 넣을 수 있었던 것 같습니다. 단어 실력 뿐 아니라 발음 향상과 복습하는 습관이 길러져 많은 도움이 됐습니다.

▶ 5일완성 다음날 회사 방문하여, 무작위로 추출한 100단어 TEST에서 100점

[공편토 2700단어 3일 완성] "해보면 알아요 해마학습법이 얼마나 대단한 것인지! " (신애라)

21강부터 80강까지 아는 단어는 1~2% 정도였어요. 3일 동안 16시간 동안 공부했습니다. 집중하면서 누적 복습을 꾸준히 하였고 생각이 안나는 단어는 거의 없었어요. 3일 완성의 비결은 제 의지와 집중력이 기본이겠지만 무엇보다도 중요한 것은 경선식 선생님을 믿고 끝까지 갔던 것이라고 생각합니다. 의심과 유치하다는 생각은 결국 내가 할 수 있을까라는 의심을 들게 하고 암기에 대한 확신이 사라지게 됩니다. 저는 경선식 선생님께서 유명하신데는 다 이유가 있다고 생각하고 끝까지 믿고 갔습니다. 3일 안에 이렇게 다 외워진 것을 보고 진짜 해마학습법이라는 게 얼마나 대단한 것인지 실감하게 되었습니다.

▶ 3일완성 다음날 회사 방문하여, 무작위로 추출한 100단어 TEST에서 100점

[공편토 2700단어 5일 완성] "처음엔 저도 안 믿었는데 진짜 단어가 잊혀지지 않더라고요" (김병재)

5일 완성을 할 수 있었던 것은 강의를 활용하여 발음이나 연상법이 뇌리에 잘 남기 때문이었고 가장 중요한 것은 역시 복습이라고 생각합니다. 연상법은 이미 개발이 잘 되어있기 때문에 저는 그것을 잘 소화하는 것에만 집중을 하여 누적복습을 열심히 했습니다. 처음에는 연상법으로 어려운 단어들도 외워질 수 있을까 하는 의심이 좀 들었지만 한강 두강 차곡차곡 쌓이고 단어가 잊히지 않음에 따라서 믿음을 갖게 되었습니다. 발음을 망치지 않나 오해가 있는데 발음을 망치는 경우는 없었고요 오히려 혼자 단어를 외울 때는 단어 발음을 잘 몰라서 못 읽는데 선생님 강의는 단어마다 제대로 된 발음을 해주기 때문에 오히려 공편토 강의를 통해서 제 발음이 더 좋아졌다고 볼 수 있습니다.

▶ 5일완성 다음날 회사 방문하여, 무작위로 추출한 100단어 TEST에서 100점

[토익 2200단어 4일 완성] "한 번 읽으면 연상이 떠오르면서 암기가 바로 되더라고요" (이지중 학생)

강의를 보면서 선생님 말씀대로 따라하니 단어를 한 번 읽으면 연상이 떠올라 바로 바로 암기를 할 수 있었습니다. 이렇게 단 시간에 암기 할수 있다는 것이 놀라웠고 쓰면서 단어를 외울 때는 비슷한 단어들이 항상 헷갈렸었는데 연상법을 하면서 비슷한 단어들도 더 뚜렷하게 구분 할수 있었습니다.

▶ 4일완성 다음날 회사 방문하여, 무작위로 추출한 100단어 TEST에서 100점

[토익 2200단어 6일 완성] "해마학습법으로 암기하니 예전보다 훨씬 빠르게 암기가 됩니다" (이수정 학생)

해마학습법으로 암기하니 일반적인 암기법보다 훨씬 더 빠르게 암기가 됐던 것 같구요. 동작을 따라 하면서 능동적으로, 적극적으로 하니 외우는데 좀 더 수월하지 않나 생각이 듭니다. 발음 또한 세심하게 짚어주셔서 그런 부분에 있어서 굉장히 만족했어요.

▶ 6일완성 다음날 회사 방문하여, 무작위로 추출한 100단어 TEST에서 100점

놀라운 해마학습법의 효과!
수강생이 말하는 100% 리얼 수강후기

경선식에듀 홈페이지에 남겨진 수강생 강좌평입니다.

(주)경선식에듀는 과대 광고를 하지 않습니다. 오직 검증된 효과만을 보여드립니다. 아래의 수강후기는 실제 수강생들에 의해 작성된 내용입니다. 경선식에듀 홈페이지(www.kssedu.com)를 통해 확인 가능합니다. 조작된 글이라는 의심이 가는 것이 있다면 법이 허용하는 한도에서 직접 학생이 남긴 것임을 증명해 드릴 수 있습니다.

단어를 재미있고 쉽게 외울 수 있어서 좋아요!

보통 교재는 그냥 단어만 쭉 나열되어 있고 옆에 발음이 나와있는데, **경선식영단어는 단어도 만화로 재미있게 나와있고 발음도 다른 것과 연관지어 쉽게 알 수 있어서 좋습니다.**
교재만 봐도 재미있는데 선생님이 강좌에서 친절하게 설명해주셔서 재미있고 쉽게 외울 수 있어서 좋아요. **단어를 발음도 해주시기 때문에 어떻게 읽는지 정확히 알 수 있었어요!**

- 김다윤 수강생 -

만화로 단어를 외우니까 정말 재밌어요!

일반책은 너무 지루한데 해마 학습법 만화책은 너무 재미있고 외우기 쉬워서 계속 봐도 질리지가 않아요. 강의로 들으면 훨씬 더 외우기 쉬워서 정말 하루도 쉬지 않고 공부했어요.
선생님이 발음을 제대로 교정해 주셔서 영어단어를 단순히 머리속으로 외우는게 아니라 입으로 말할 수 있는 훈련이 되어서 영어실력이 더 빨리 좋아진 것 같아요.

- 김유열 수강생 -

동영상 강의를 보여주니 아이가 잘 따라해요!

학원이고 학습지고 다 시켜봤는데 아이가 썩 좋아하지 않았어요. 그러다 **우연히 경선식영단어 초등 강의를 시작하게 되었는데, 아이가 정말 재밌어 하더라구요. 동영상 강의를 보여주니 확실히 단어가 기억에 남는 것 같아 보였어요.** 애가 선생님 해주시는 발음을 따라하면서 너무 잘하는거예요.
심지어 제가 한국식 발음을 하면 그게 아니라고 교정까지 해준답니다!

- 김서희 수강생 어머니 -

지금도 많은분들이 해마학습법의 놀라운 효과를 경험 중입니다.

중학 수강후기

중학생이어도 하루 3시간이면 일주일도 안돼 1000개가 넘는 단어를 암기할 수 있다는 게 얼마나 대단한 건가요 미라클~ (차지은)

강의를 들을 때는 선생님 강의만 보세요. 책을 보며 강의를 보다 보면 금방 중요한 충고와 연상법을 놓치게 됩니다. 또한강의 중에 말씀해주는 단어의 뜻은 가장 중요한 것만을 골라 말씀해주시는 거니, 교재에 쓰여진 단어의뜻을 하나하나 완벽히 토씨 하나 틀림없이 알려 하지 마세요. 시간만 더 가더라구요. 저도 강의 듣다가 진짜 어리석은 거라는 선생님 말 듣고 완벽주의 버렸습니다.복습은 2배로 돌려 집중하여 보거나, 복습강의프로그램을 이용해서 빠르게 여러 번 봅니다. 이 놀라운 강의는 책이 없어도 중요 단어와 파생어를 동시에잡게 해주었어요..ㅠㅠ 미라클.. 예전에 몇십만원이 넘는강의 신청했다가 항상 완강 못하고 포기하고만 제가 선생님 믿고 말 들으니깐 좀 하는 것 같아 기특해요. 다들열심히 하시길 바래요. 중학생이어도 하루 3시간 잡으면 일주일도안돼 1000개가 넘는 단어를 다 암기할 수 있다는 게 얼마나 대단한 건가요. 다들 힘내세요 ^^ 선생님..감사합니다.

정말 연상학습법이 사람 뇌의 한계를 깨버리는 것 같아요! 경선식선생님 짱짱 (윤지원)

몇 일 전에 강좌 신청해서 오늘까지 치면 4일만에 모두 끝냈네요~~ 솔직히 기억 안 날 법도 한데 너무나 잘 외워져서 감동 ㅜㅜ 일단 듣는 거 만으로도 99.9%다외워져요! 당연히 열심히 들으니깐 효과는 더 좋았겠죠!~ 들으니깐 정말 다 기억나네요 스펠링 좀 헷갈리는 것들은 공책에정리하면서 외웠어요^^ 그리고 복습은 선생님 말씀대로 주기적으로 했어요ㅎ 한강의 끝날 때마다 책 뜻가리고 바로 복습하고 10강단위로 끊어서 복습했거든요! 기억에너무 잘 남아요~~그리고 더 좋은 건 제가 중2독해책을 샀었는데일단 단어를 모르니깐 단어 일일이 뜻 하나씩 다 찾기도 어렵고 한 문제 풀기에도 너무 버거웠는데 경선식 선생님을 만나고 나선! 독해도 술술 풀려요 문법적으로 암기하지 않아도 일단 단어가 바탕이 되니깐 문제도 잘 풀리고~ 단어를 외우려고 하면 금방 잊어먹고 잘 안 풀리는 문제는 포기해버리고 그랬었거든요~~ 그런 저에게 부족한 점을 채워주신 분이네요~~ㅎ 그리고 4일만에 저에게 신기한 변화가 생겼어요 아는 단어가 생기니깐 아는 단어는 영어로 말하고 ㅎㅎ 정말 선생님께도감사 드리지만 제가 이 단어들을 모두 외웠다는 게 너무 기특하더라고요 정말 연상학습법이 사람 뇌의 한계를 깨버리는 것 같아요! 경선식선생님 짱짱

수능 수강후기

12일 만에 고1,2과정을 마쳤습니다. '아, 이래서 이 학습법이 10년째 계속 1위를 하고 있구나.'라는 생각이 들더라구요 (노현주)

제가 '경선식 해마학습'이라는 단어를처음 들었을 때는 중학교2학년 때였습니다. 그때 저는 불신에 가득 차서 '이런 말도 안 되는 발음 가지고 학습이 제대로 되나?'라며 오히려 친구들을비난했습니다. 그런데 저의 생각이 얼마나 잘못되었고 모순된 생각이었는지 경선식 선생님의 샘플강의를 보고서야 깨달았습니다. '아, 이래서 이 분이,이 학습법이 10년째 계속 1위를 하고 있구나.'라고 깨닫자 마자 영단어는 저의 머리에 무섭도록 새겨지기 시작했습니다. 단지 강의 한번을 들었을뿐인데 거의 90%이상이 기억이 나고 심지어 잠깐 빼먹고 다시 복습을 했을 때까지 영어단어는 저의 머릿속에 있었습니다. 이 놀라운 혁명을 경험한저는 더욱 학습을 열심히 하게 되었고 12일 만에 고1,2과정을 마쳤습니다 저는 독해가 이렇게 쉬운 줄 몰랐습니다. 그냥 술술 읽었는데 경선식선생님께서 설명해주신 어휘들이 80%이상 들어있었습니다. 저는 경악했습니다. 왜냐하면 그날 저는 모든 문제를 다 맞았고, 심지어는 해석까지 정확하게했었기 때문입니다. 믿으세요. 그리고 한번 들어보세요. 영어가 쉬워집니다.

수능영어 97점으로 서울대 합격!! 영어 4등급도 받은 적 있던 저로써는 '기적의 해마학습'에 감사드릴뿐입니다. (천영은)

고3이 되고 처음 보는 3월 모의고사 때 영어에서 3등급을 맞았습니다. 틀린 문제들을 분석해본 결과 헷갈리거나모르는 단어들을 '대충'해석해서 틀린 거였습니다. 무작정 암기하는 게 능사가 아니라는 것을 깨닫고 효율적으로 암기할 수 있는 방법을 다시 찾았습니다.순간 경선식 수능영어 초스피드 암기비법 책이 떠올랐고 ch.1부터 찬찬히 살펴보기 시작했습니다. 효율적으로 외울 수 있는 것은 물론 무엇보다 지루하지않았습니다. 게다가 단어의 뜻을 추상적으로 암기하는 게 아니라 연상법을 통해 뉴앙스 차이를 구별하여 정확하게 뜻을 암기할 수 있었습니다. 그리고 접두어를 통해 단어들을 일괄적으로 알려 주실 때 정말 도움 많이 되었습니다! 수능 날. 아쉽게 1문제를 틀렸지만 이전에 영어 4등급 받은 적이 있던 저로써는 경선식 선생님의 '기적의 해마학습'에 감사드릴뿐이었습니다.운 좋게 서울대학교라는 명문대도 합격하게 되었고, 현재 재학생으로써 열심히 학업에 임하고 있습니다. 너무 감사드립니다 ^^

공편토 수강후기

공무원 시험 합격의 일등공신, 6주 만에 공무원 영어 끝냈습니다. (이동섭)

9년의 직장생활 후 2년의 수험생생활.시험 실패 후 다시 직장에 취업해서 직장에 다니면서 공무원시험에 합격하였습니다. (현재 37살) 저의 처음 영어실력은 정말 중학교 영어단어도모르는 실력 이였습니다. 하지만 우연히 접한 초스피드 영어 암기법과 공편토를 접하고 정말 재미있게 웃으면서 영어단어를 외웠습니다. 2주일만에 수능영어끝내고. 다시 4주만에 공편토를 끝냈습니다(총 6주) 영어만 보면 머리부터 발끝까지 소름이 끼치고, 정신이 몽롱했던 것이 6주후에는 문제의 영어단어들이저를 반갑게 대해 주었습니다. 저는 공무원 시험 합격의 일등공신으로 초스피드 암기기법과 공편토라고 당당히 말씀 드리고 싶고, 열강해주신 경선식선생님께 감사의 말씀 전합니다.

공편토본 애들 고대 3명 성대 3명 이대 1명 한양대 2명 홍대1명합격했습니다. 전 성균관대 합격! (김진)

6개월의 짧은 시간 동안 제게 정말 많은 힘을 준건'공편토'입니다. 처음 김O학원에서 모의고사를 봤을 때 20점대에서 공편토의 진도가 늘어가는 만큼 성적도 상승 22 → 44 → 63~70~80!! 저는 하루에 7강씩하고 스터디그룹 사람들이랑 60단어 시험보고 다음날 시험 60문제 중 10문제를 앞에서 봤던 단어를 랜덤으로 뽑아서 내고요.이런 식으로 정말 많이 봤습니다. 공편토의 장점은 몇 번 독파하면 선생님이 만드신 연상법이 마치 어근처럼 되어서 정말 기억이 잘 나는 것 같아요.제가 성적이 수직상승하고 주변에 많이 권해서 공편토본 애들 15명중 고대 3명 성대 3명 이대 1명 한양대 2명 홍대1명 합격했습니다. 성대합격한지며칠 지났지만 아직도 감격의 눈물이 마르지 않네요! 경선식선생님!! 정말 감사합니다. ㅠㅠ

토익 수강후기

토익 990점 만점 ^^ (박은주)

공부하다 보니 토익이만점이 나왔어요. condone이란 단어의 연상법을 블로그에서 보고 시작하게 되었어요. 문법이나 독해 스킬도 중요하지만 일단 영어는 단어를 알아야곤 문제를 풀 수 있다고 보거든요. 독해 같은 경우에도 시간을많이 단축 시킬 수가 있고요.영어 시험에서 어휘가 한 80%정도 차지하지 않나 싶어요. 그래서 어휘 공부만 했는데도 리스닝이나 독해, 문법 점수까지 함께 오르는 것을 경험해봤어요.

3개월만에 토익 745 → 910 해냈다! 어휘문제는 1개빼고 다맞았어요.ㅎㅎ (정주희)

원래부터 듣기에는 조금 자신이 있었지만 파트5도 그렇고 파트6, 파트7까지토익 같은 경우에는 어휘문제가 상당부분을 차지하고 있기 때문에 문제를 아무리 풀어봐도 딱히 이렇다 할만큼 점수가 오르지 않더라구요..ㅠㅠ 원체단어가 약한 편이라 큰맘먹구 경선식 단어를 수강했습니다. 그렇게 20일정도 마음을 굳게 먹고, 복습하고, 집에서 읽어보고 하다 보니가 어느 샌가실력이 부쩍 늘었어요. 토익 RC에서만 115점을 올리게 되니까 너무 감개무량하네요! 이번 시험에 어휘문제는 1개빼고 다 맞았어요.ㅎㅎ 와,단어의 효과라는 게 무섭네요.ㅎㅎ 3개월만에 745점에서 910점으로! 중요한 점은 LC점수는 거의 그대로인데 RC점수만 수직상승이란 점입니다!의심에서 믿음으로 !! 와,ㅎㅎ 선생님 정말 감사합니다!

경선식 영단어

✔ 동영상 강의로 5배 이상 빠른 암기효과
✔ 선생님의 몸짓과 표정을 활용하여 더 빠르고 효과적으로 암기
✔ 복습프로그램 제공으로 체계적인 반복학습 가능

경선식 중학 영단어

어휘 구성
교육과정의 기본 어휘표와 중학교 전 교과서를 분석하여 중학교 전 과정 동안 필요한 최적의 어휘로 구성

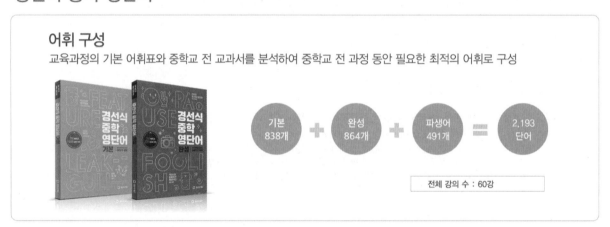

경선식 수능 영단어

경선식 영단어

✔️ 동영상 강의로 5배 이상 빠른 암기효과
✔️ 선생님의 몸짓과 표정을 활용하여 더 빠르고 효과적으로 암기
✔️ 복습프로그램 제공으로 체계적인 반복학습 가능

경선식 영단어 초스피드 암기비법 [토익]

어휘 구성
토익 단어 완벽 수록(리딩&리스닝 포함), 최신 문제와 지난 기출 문제들을 분석하여 신토익에 필요한 모든 어휘 철저히 대비

● 강의구성 : 「어휘 공부 한달 만에 125점 상승의 놀라운 비법」

전체 강의 수 : 86강	
강의 시간 : 35분/1강 (복습강의 포함)	

경선식 영단어 공편토 (공무원 편입 토플)

어휘 구성
공무원, 편입, 토플, 텝스 시험에서 90%~100%의 높은 적중률

● 강의구성 : 「5배 빠르고 오래 가는 해마학습법으로 수험기간 6개월 이상 단축 」

전체 강의 수 : 74강	
강의 시간 : 20분/1강 (복습강의 포함)	

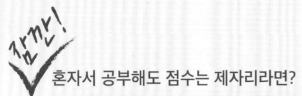

잠깐!

혼자서 공부해도 점수는 제자리라면?

1:1 온라인으로 점수상승보장 케어까지 받자!

" 수강생의 50% 학생이 평균 4개월만에 20~67점 이상 상승! "

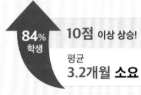

84% 학생 · **10점** 이상 상승!
평균 **3.2개월 소요**

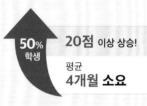

50% 학생 · **20점** 이상 상승!
평균 **4개월 소요**

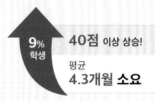

9% 학생 · **40점** 이상 상승!
평균 **4.3개월 소요**

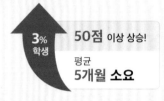

3% 학생 · **50점** 이상 상승!
평균 **5개월 소요**

6달만에	30점 → 97점	총 67점 상승	이*원
4달만에	45점 → 95점	총 50점 상승	김*영
8달만에	51점 → 97점	총 46점 상승	권*채
4.5달만에	58점 → 100점	총 42점 상승	이*진

5달만에	34점 → 87점	총 53점 상승	임*지
1달만에	27점 → 74점	총 47점 상승	강*정
3달만에	22점 → 66점	총 44점 상승	송*은
3달만에	58점 → 98점	총 40점 상승	조*현

경선식에듀 1:1 온라인케어란?

경선식에듀의 1:1 온라인 관리 시스템은 각자 레벨에 맞는 커리큘럼 강의를 수강하여,
1:1 밀착관리를 통해 단기간 내 점수 수직상승이 가능한 프로그램 입니다.

업계유일!

전국 1타
경선식 온라인 강의

차별화된
1:1 밀착관리

1:1
맞춤 커리큘럼

나에게 딱 맞춘
편리한 온라인학습

경선식에듀 1:1 Online-Care | 상담 가능 시간 평일 오후 2시~9시 | 문의전화 010-5727-1845